출근 시작 30분 전

마음만 급한 아침시간을 줄여줄 63가지 패턴

출근 시작 30분 전

김병섭 지음

개미와베짱이

개정판에 앞서서

어제와 다른 변화를 꿈꾸는 사람

과연 아침의 30분을 바꾼다고 해서, 또는 오후의 30분을 바꾼다고 해서 내 삶이 완전히 달라질 수 있을까? 사실 그러기를 바라는 것은 기적을 바라는 것과 마찬가지일 것이다.

그러나 확실한 것은 그 변화가 기적이 일어날 수 있는 중요한 토대가 될 수 있다는 점이다. 사실 우리가 겪는 기적들이란, 어느 순간 갑자기 닥쳐온다기보다는 성실한 준비 속에서 비롯되는 것들이 훨씬 많다. 그리고 시간을 잘 활용하는 것만큼 기적을 맞이하기 위한 훌륭한 준비도 없을 것이다.

실제로 ,하루에 합쳐서 두 시간만 변해도 우리는 많은 새로운 것들을 경험할 수 있다.

아침의 30분, 오후의 30분, 저녁 한 시간만으로도 지금껏 잊고 있었던 목표와 새로운 시야를 얻게 될 수 있게 된다. 척 보기에는 아주 적은 시간처럼 느껴지지만 하루에 8시간을 잔다고 칠 때, 그리고 밥을 먹고 휴식을 취하는 3시간을 빼고 나면 우리에게는 고작 13시간이 주어질 뿐이다. 따라서 거기서 2시간을 바꾼다는 것은 내 삶의 6분의 1가량을 바꾸는 일이 된다. 과연 이것이 작다고 생각하는가?

그것은 실천해본 사람들만이 알 수 있는 신비롭고 놀라운 변화를 동반한다. 실제로 하루에 남는 자투리 시간을 잘 활용함으로써 생각보다 놀라운 성과를 얻은 이들이 많다. 그 2시간을 어디에 투자하는가에 따라 이제 당신은 더 자상한 아버지, 더 똑똑한 부모, 공부 잘하는 학생, 실력 있는 직장인으로 변할 수 있다.

이 책은 바로 그 오전과 오후, 저녁의 자투리 시간들을 활용해 삶을 바꾸는 실천에 대한 이야기다. 나는 모두에게 똑같이 주어지는 24시간을 어떤 마음가짐으로 어떤 실천을 통해 잘 보낼지를 고민하고, 총 6장으로 나뉘어 있는 이 책은 아침과 오후, 저녁 모두를 통틀어 자투리 시간을 어떻게 활용하는지를 보여준다.

이 책에 나온 실천들은 사실 그다지 어려운 것이 아니다. 중요한 것은 나에게 맞는 항목을 골라 활용하는 것인 만큼, 부담 없이 천천히 읽어가면서 새로운 시간 계획을 짜보도록 하자.

| 차례 |

개정판에 앞서서 _ 5
차례 _ 8
프롤로그 _ 12
이 책을 읽어야 할 이유 _ 15

1장 늦지 않았다, 지금 시작하라 _ 29

1. 활기찬 하루가 인생을 좌우한다 _ 30
2. 출근시작 30분 전 _ 33
3. 아침의 작은 시작을 소중히 여겨라 _ 36
4. 시작은 용기로 이어진다 _ 39
5. 아침이 바뀌면 마음도 바뀐다 _ 42
6. 인생은 결과가 아닌 과정이다 _ 45
7. 당신도 모르는 당신의 가능성 _ 48

2장 아침 출근은 최대한 즐겁게 _ 51

8. 하루의 도구를 잘 챙겨라 _ 52

9. 출근길을 헛되이 하지 말자 _ 55
10. 출근길 30분을 알차게 보내는 법 _ 58
11. 조간신문 비판적으로 읽기 _ 61
12. 정보통 아침 라디오 듣기 _ 65
13. 최고의 동기부여, 아침독서 _ 67
14. 동료들의 마음 읽기 _ 70
15. 감사의 한마디를 생각하자 _ 73
16. 올바른 계획이 중요하다 _ 76
17. 좀더 편하게 지하철과 버스 타기 _ 79
18. 출근길 잠은 하루의 적이다 _ 82
19. 변화의 출발선에 서라 _ 85

3장 성공적으로 시작하는 아침 업무 _ 89

20. 스스로와의 약속을 만들어라 _ 90
21. 우선순위를 짜라 _ 93
22. 긴 회의는 낭비다 _ 96
23. 말보다 문서를 제출하라 _ 99
24. 다양한 고객 만나기 _ 102
25. 아침에는 하루 전체를 계획하라 _ 105
26. 중요한 결정은 아침에 내려라 _ 108
27. 신선한 아침 정보를 수집하라 _ 111
28. 내 컨디션을 파악하는 시간을 가져라 _ 114
29. 미뤄둔 업무부터 해치워라 _ 117
30. 몰입의 기술을 사용하라 _ 120

4장 인생에서 가장 소중한 휴식 시간 _ 123

31. 관심이 선물을 가져다준다 _ 124
32. 돈 안 되는 관심도 선뜻 품기 _ 127
33. 좋은 소식을 전해주는 사람이 되어라 _ 130
34. 말하기보다는 듣자 _ 133
35. 나만의 공간을 확보한다 _ 136
36. 불길한 일에 대처하기 _ 139
37. 잠시 잠깐의 틈도 유익하게 _ 142
38. 자신에게 관대해지기 _ 145
39. 많은 사람들과 눈을 마주쳐라 _ 148
40. 인생에서 가장 소중한 것 생각하기 _ 151

5장 성공하는 사람의 오후 시간 _ 155

41. 몸의 긴장을 풀자 _ 156
42. 고마운 일들을 생각하기 _ 159
43. 몸과 마음이 호소하는 소리에 귀를 기울이자 _ 162
44. 믿음이라는 힘을 이용하기 _ 165
45. 실수는 지혜로 가는 문이다 _ 168
46. 원인과 결과를 생각하라 _ 171
47. 하루에 한 마디씩 교훈을 기억하라 _ 174
48. 마감 날짜를 늘 기억하라 _ 177
49. 스스로에게 엄격해져라 _ 180
50. 남길 것과 버릴 것을 고민하라 _ 183

51. 낙서를 즐겨라 _ 186
52. 주변 동료들을 도닥여라 _ 189
53. 장점과 한계점을 고민하라 _ 192

6장 퇴근 후 3시간을 활용하라 _ 195

54. 여가활동을 통해 '자신'을 확인하기 _ 196
55. 인맥을 확보하라 _ 199
56. 하루를 정리해보기 _ 202
57. 내일 계획을 세워라 _ 205
58. 중독성 강한 여가는 피하라 _ 208
59. 두뇌의 감성을 자극하라 _ 211
60. 퇴근길에서 좋은 산책로를 찾아라 _ 214
61. 저녁 시간을 이용해 전문적인 공부에 도전하라 _ 217
62. 남은 한 시간도 소중히 이용하라 _ 220
63. 자신에게 질문하라 _ 223

맺음말 _ 226

프롤로그

나에게 지금 당장 중요한 것은 무엇인가?

아침은 내 삶의 시작이다. 눈부신 햇살이 고요한 세상을 황금빛으로 물들이고, 잠들어 있던 모든 생명이 깨어나기 시작하기 때문이다. 아침에 좋은 일이 생기면 그것은 길조다. 그날 하루가 날아갈 듯이 가볍게 지낼 수 있기 때문이다.

이럴 때는 아, 살아가는 일이 오늘 하루만 같았으면!

매일같이 출퇴근을 해야 하는 이들에게는 이 말이 더욱 더 와 닿을 것이며 출근길부터 찌푸리고 있는 사람과, 힘찬 걸음으로 하루를 내딛는 사람의 하루에도 큰 차이는 난다. 또 그 하루하루들이 모여 우리 삶의 큰 줄기를 이루어 가는 것이 곧 인생의 차이로까지 확대

되기 때문이다.

한동안 신문과 방송, 서점가를 들끓게 했던 '아침형 인간'도 이 같은 생활의 변화에서 시작되었다. '아침형 인간'이라는 말 속에는 더 이상 출근길이 무의미하지 않는 아침, 사색하는 아침, 상쾌한 하루의 시작으로 더욱더 귀한 아침을 시작하기 등 여러 생각들이 깃들어 있는 생활의 습관 형성 등 이다.

출근시작 30분 전은 이 시대에 사랑받는 '아침형 인간'들뿐 아니라 이제껏 아침의 소중함을 몰랐던 모든 이들에게 전해주는 '아침시간 잘 보내기'의 메시지다. 특히 출퇴근하는 비즈니스맨들에게, 아침을 가뿐하게 시작할 수 있는 노하우와 시간을 효율적으로 쓸 수 있는 지침을 전하고자 한다.

많은 이들이 자명종 소리를 들으며 이렇게 생각한다. '아, 이 지옥 같은 아침 출근, 도대체 언제나 끝나는 거야.' 하며 푸념이다.

하지만 아침을 소중하게 여기지 않는 이상 내 인생의

아침은 없다. 출근 시작 30분 전은 정해진 규정만 언급하는 대신, 스스로가 하루의 소중함을 깨달을 수 있도록 도와주는 내용들로 엮었다.

  하루하루 기다려지는 아침 시간, 하루를 알차게 보냈다는 기쁨으로 드는 잠자리까지, 활기찬 하루를 열어가는 작은 실천들을 해보자.

김병섭

이│책│을│읽│어│야│할│이│유

누구에게나 하루는 24시간일까?
그 물음에 대한 답변

 현대를 살아가는 이들은 누구를 막론하고 시간 부족을 호소한다. 어떤 일을 제대로 해보기도 전에 하루가 번개처럼 지나가기 때문에 장기적인 계획을 세우는 것은 어림도 없다고 생각한다. 매일같이 쏟아지는 수많은 업무만으로도 벅찬 상황에서 가족들을 챙기거나 여유를 꿈꾸는 일은 어불성설이다. 그러나 우리는 보다 여유롭고 자신에게 투자하는 삶을 살고 싶어 한다. 그래서 매일 같이 시간과 악전고투를 벌인다. 그렇다면 이 같은 시간 부족은 결코 해결할 수 없는 문제일까?

이 책은 결코 그렇지 않다는 사실을 여러 사례를 통해 보여준다. 예를 들어 우리 모두가 잘 알고 있듯이 인간은 하루에 똑같은 24시간을 부여받았다. 그러나 여기서 생각해봐야 할 점은 누구나 그 24시간을 똑같이 사용하지는 않는다는 점이다. 시간이라는 것은 이상한 요물이다. 눈 깜짝 하는 사이에 사라지는가 하면, 길게 늘여서 쓸 수도 있다. 이것은 바로 그 사람이 얼마나 질 좋은 시간 관리를 하고 있는가에 달려 있다. 시간 관리를 잘 하는 사람에게 하루 24시간은 25시간 이상의 것이 된다. 당연히 하루에 할 수 있는 몫도 많아지고 자신에게 정성을 쏟는 시간도 늘일 수 있다.

 이 책은 우리가 놓치고 있는 시간에 대해 효율적인 활용법을 말해주는 것이 목적이다. 나날이 늘어가는 불안을 위해 머리를 싸매고 고민하기보다는 단 하루 속에 숨겨진 자투리 시간을 가치있게 활용하는 방법을 제시해 준다. 심지어 그 단 하루 속에서도 업무 이외에 여러 가지 다른 추억들과 성과들을 얻을 수 있다는 자신감을 심어준다. 특히 바쁜 생활에 진저리를 느끼고 있는 직장인들, 자영업자들, 학생들 모두에게 보편적으로 해당되는 목록들로 짜여졌다.

예로부터 많은 성인들은 무언가를 제대로 알려면 그냥 아는 것이 아니라, 그것을 공부하고 실천하는 단계에 이르러야 진정한 앎이라고 했다. 또한 우리가 익힐 수 있는 지식은 사실 세상의 방대한 지식에 비하면 너무 작다. 그러나 성공한 사람들은 자신이 원하는 바를 알고, 모르는 것은 배우려고 노력한다. 이 책은 바로 시간 부족의 시대에 가장 중요한 화두인 '효율적인 시간 관리'를 실천적으로 공부하기 위한 첫 단계다. 또한 시간 부족 속에서 허우적대는 우리의 모습이 사실은 크고 작은 불안에서 비롯되었으며, 그런 불안의 허상에서 벗어나 직접적으로 현실을 대면하면서 크고 작은 실천을 이뤄갈 수 있음을 강조했다.

오늘 당장 손 안에 이 책을 읽도록 하자. 그리고 목차를 훑어보고 한 번에 모든 것을 다할 수는 없다는 것을 떠올리자. 그저 한 달에 하나만 바꾸어도 된다. 지금 시작해보자.

이 책, 이렇게 활용합시다!

1. 이 책은 한꺼번에 읽는 것보다는 목차에 적힌 각각의 시간대 별로 나눠서 보는 것이 좋습니다. 자신에게 가장 취약한 시간대를 골라 집중적으로 공략합시다.

2. 이 책을 항상 머리맡에 둡시다. 자신이 고치고자 하는 습관과 관련된 부분을 아침저녁으로 반복해서 읽고 마인드 컨트롤을 합시다.

3. 한꺼번에 모든 것을 실천할 수 없음을 기억합시다. 이 책의 항목들은 여러 사람들의 상황을 종합해놓은 것인 만큼 그 중에 나에게 맞는 항목을 골라 유연하게 활용할 필요가 있습니다.

4. 책을 읽고 항목을 정했다면 중요한 것은 실천입니다. 이 항목을 어떻게 생활 속에 접목시킬 것인지 구체적인 계획을 세워봅시다.

5. 일주일, 또는 한 달 정도 실행하고 난 다음 체크리스트를 만들어 점수를 매겨보도록 합시다.

적절한 시간 활용은 성공한 자가 가진 '1%의 다른 점'이다

세계적인 연설가 브라이언 트레이시가 한 말이 있다. 부자와 가난한 자는 시간에 대한 인식이 전혀 다르다는 것이다. 게으른 사람은 당장 눈앞에 보이는 것들에 급급해서 1년 뒤, 더 먼 5년 뒤, 10년 뒤를 예측하고 준비하는 일에 서투르다. 그러나 성공한 사람들은 다르다. 이들은 삶이 바쁜 만큼 시간의 중요성을 알기 때문에 짧은 시간도 쪼개고 5년 뒤, 10년 뒤 미래를 예측하고 대비하는 능력이 탁월하다고 한다. 결국 그 사람이 시간에 대해 어떤 생각을 가지고 있는지, 그것을 어떻게 활용하고 정복하는지에 따라 성공의 가능성도 달라진다는 뜻이다. 여기서 특히 중요한 것은 자신의 시간이 흘러가고 있다는 것을 인식하는 예민함과, 조각난 자투리 시간을 잘 모아서 쓰는 능력이다.

'시간을 정복한 남자'라고 불리는 러시아의 과학자 류비세프는 일생을 몇 배로 산 사람이었다. 그는 1916년 1월 1일부터 죽는 날까지 56년간 시간을 30분 단위로 기록해 노트에 남기고, 자신이 하루를 어떻게 보내는지를 완전하게 기억했다. 그리고 한꺼번에 할 수 있는 일은 모아서 한 번에 함으로써 시간의 낭비를 줄였다. 그는 자신의 시간을 트레이닝했고, 그것을 실천으로 이어갔으며, 나중에는 시계를 보지 않고도 시간의 흐름을 읽을 수 있었다고 한다. 그리고 이 같은 습관을 오래 지속하면서 생물학, 곤충학, 과학에 정통하였고, 철학, 문학, 역사에서도 전문가를 능가했으며, 70여 권의 전문저서와 타자 원고 12,500장에 달하는 방대한 저술을 남겼다. 이는 보통 학자들의 5배가 넘는 분량이었다.

그의 유명한 시간 통계법은 다음과 같다

1. 하루의 모든 일과를 기록한다.

류비세프는 10분 30분 단위로 시간을 쪼개어 활용했다. 그리고 이것을 노트에 꼼꼼하게 기록했다. 이렇게 기록을 하다 보면 내가 하루의 시간을 얼마나 잘 활용하고 있는지를 쉽게 알 수 있다. 또한 우리가 얼마나 많은 시간을 그냥 흘려버리고 있는지를 알고 깜짝 놀라게 될 것이다. 류비세프는 자신의 하루 일과를 빠짐없이 기록했고 오차도 1분을 넘기지 않았다.

2. 매일 저녁 시간 기록표를 평가하라.

자신의 하루가 어떻게 쓰였는지를 살피고 시간이 빠

져나가는 블랙홀을 아는 것은 시간 관리를 효율적으로 하는 데 가장 중요한 조건이 된다.

3. 통계를 내고 분석하라.

주말이나 월말마다 각각 쓰인 시간들을 업무별로 나눠서 통계를 내자. 이것을 하다 보면 자기가 어떤 일에 어느 정도의 시간을 쏟고 있는지를 알 수 있다. 이때 업무 시간에는 잡담을 하거나 공상을 하거나 차를 마시는 시간 등을 빼고 순수하게 일만 한 시간을 적는다. 그렇게 해서 나온 시간이 적다고 불평하지 말자. 류비셰프 같은 시간의 달인조차도 최전성기 시절의 하루 순수집무시간이 7시간 정도였기 때문이다.

4. 통계를 토대로 구체적인 목표를 잡고 실천하라.

통계와 분석을 내고 나면 자기가 어떤 업무를 할 때 얼마나 시간이 필요한지를 알 수 있다. 따라서 이를 토대로 계획을 정확히 세운 뒤 이를 엄격하게 실천해볼 필요가 있다.

5. 자투리 시간을 활용하라.

류비세프는 조각 난 시간을 잘 끌어 모아 쓰는 사람이었다. 류비세프는 잠깐 나는 짬이라도 알뜰히 활용하기 위해 책을 가지고 다니고, 어학 공부를 했다. 또 메모장을 가지고 다니면서 아이디어가 떠오를 때마다 기록했다. 이제 우리도 우리만의 자투리 시간 활용법을 찾아보도록 하자.

6. 계속적으로 행하라.

류비세프는 자신의 시간 기록법을 무려 56년 동안이나 지속했다. 그의 삶이 나날이 정확해지고 낭비되는 시간이 없었던 것은 그가 그 일을 하루이틀 하지 않고 몸의 습관으로 만들었기 때문이다. 이 계획법을 지키는 데 무엇보다도 중요한 것은 작심삼일을 극복하는 것이다.

시간 활용을 잘 하려면 자신을 알아야 한다.

 어린 시절부터 지금까지 우리는 시간 관리에 대해 귀에 못이 박히도록 들어왔다. 그리고 성인이 되어 바쁜 사회생활을 시작하면서부터는 더더욱 그렇다. 그러나 우리는 시간 관리를 잘해야 한다는 생각은 늘 하면서도 그것을 어떤 형태와 방식으로 해야 할지는 모르는 경우가 많다. 그래서 서점에 나가서 수없이 늘어선 시간관리 책들을 살펴보기도 하지만 이 중에 과연 몇 사람이나 책을 통해 삶을 바꾸었을까? 모르긴 몰라도 효과를 본 사람은 그다지 많지 않을 것이다. 그들은 한 가지를 잊고 있는 셈이다. 제대로 된 시간 관리를 하려면 먼저, 과연 자신에게는 어떤 방식의 시간 관리가 맞는지를 알아야 한다는 사실이다.

 성공한 사람들의 이야기는 아무런 여과 없이 그 방법을 받아들이게 만든다. 그러나 사람의 성공 방식이 다 똑같은 것은 아니다. 우리는 제각각 다른 성격과 다른 상황 속에서 살아간다. 따라서 어떤 이에게는 맞는 말이 어떤 이들에게는 맞지 않을 수 있다. 우리가 살아오면서 겪어온 경험과 체험 또한 다르기 때문이다. 또한 하고 있는 업무의 종류도 다르고 시간에 대한 생각 또한 다르다. 따라서 이렇게 다른 사람들끼리 한 가지 방법만을 고수한다는 것은 그 자체로 무리일 수 있다.

하지만 그렇다고 손 놓고 있을 수만은 없다. 중요한 것은 우선 자신의 시간관리 스타일에 대해 제대로 아는 일이다. 예를 들어 나는 다이어리에 차분히 적는 것을 좋아하는지 PDA로 깔끔하게 관리하는 것을 좋아하는지, 1시간 단위로 쪼개는 것이 좋은지, 업무 방식대로 쪼개는 것이 좋은지 등을 생각해보는 것이다. 또한 사람마다 몸의 리듬이 틀린 만큼 아침 시간이 좋은지, 밤 시간이 좋은지를 아는 일도 중요하다. 또한 뭔가 게으르긴 한데 몸이 피곤한 건지, 잔 걱정이 많은 성격 때문인지, 방법을 몰라서인지 등등도 아는 것이 좋다.

그러나 이 모두에 앞서서 몇 가지 생각해볼 문제들이

있다. 바로 자신이 인생에서 가장 중요하다고 생각하는 것은 무엇인지, 그에 대한 어떤 구체적인 계획을 세우고 있는지, 어떻게 그것을 현실화시킬 수 있는지 등의 보다 근원적인 질문이다. 그것을 정리하는 데 다음의 리스트가 도움이 될 것이다.

1. 자신이 인생에서 가장 소중히 여기는 것들을 적어보자.

2. 그것을 달성하기 위해 어떤 일을 하고 싶으며, 최종적으로 삶에서 어떤 목표를 세우고 있는지를 구체적으로 적어보자.

3. 하고자 하는 일과 목표들을 달성하기 위해 어떤 계획을 짜고 있는지를 적어보자.

4. 혹시나 그 목표를 향한 보다 좋은 방법이 있는지 정보를 찾아서 정리해보자.

5. 나는 그 일을 위해 하루를 어떻게 사용하고 있는지를 돌아보고, 만일 시간이 누수된다는 느낌이 든다

면 왜 그런지 그 이유들을 적어보자.

6. 이제 구체적으로 시간의 누수를 막을 수 있는 방법들로는 뭐가 있는지를 알아보자.

7. 시간 관리를 위한 일주일, 한 달의 플랜을 짜보고 실행한 뒤, 보다 장기적인 플랜을 짜보자.

> **멘털 트레이닝_mental training이란?**
> 심리작용을 활용한 심신트레이닝법으로써 가장 편안한 시간에 장소와 상황에 구애받지 않고 자기 최면을 통한자기계발 실천법이다.

1장

늦지 않았다, 지금 시작하라

활기찬 하루가 인생을 죄우한다

출근 시작 30분 전

아침의 작은 시작을 소중히 여겨라

시작은 용기로 이어진다

아침이 바뀌면 마음도 바뀐다

인생은 결과가 아닌 과정이다

당신도 모르는 당신의 가능성

turning point 01

활기찬 하루가 인생을 좌우한다

한 발자국 앞만 보는 사람은

그 길이 어디로 이어지는지를 알 수 없다.

따라서 목표가 어딘지도 알 수 없다.

목표에 이르려면 행동하는 습관을 가져라.

눈 깜짝할 사이 하루가 지나버렸다는 말을 한다. 대부분 인생의 소중함은 알면서, 주어진 하루는 생각 없이 흘려보낸다. 하지만 그것은 이 자연의 순리와도 어긋나는 행동이다. 나무는 나뭇가지 하나하나가 모여 커다란 줄기를 이룬다. 그리고 언젠가 그 나무는 죽는다. 우리 인생도 마찬가지다. 하지만 그저 닥친 일에만 급급한 사람들은 자신의 개별적인 하루들, 녹음이 우거질 그 나뭇가지의 소중함을 잊고 만다. 그래서 하루라는 선물을 바쁘거나 무심히 흘려보낸다.

당신은 어느 쪽인가? 매 순간을 인생의 일부로 여기

고 최선을 다하고 있는가? 만일 그러지 못했다면 아침에 주목하라. 아침은 새로운 가지에 이파리를 맺는 인생의 또 다른 새 출발이다.

떠오르는 태양에 기대어 어제의 나쁜 기억들을 지울 수 있다는 건 우리 인간만의 특권이다. 매일을 새로 시작하는 마음으로 받아들여라.

멘털 트레이닝_mental training

기분 나쁜 일은 자기 전에 털어버리자. 오늘 하루로 활기차게 시작해 보자. 일단 긍정적으로 아침을 열고 기대감에 찬 자신감을 갖도록 한다.

■ turning point **0 2**

출근 시작 30분 전

머리 좋은 사람들이 실패하는 이유는
자신의 능력을 과신하기 때문이다.
그런 이들은 대다수 성공을 과신하고
그 성과를 조급하게 추구한다.
이 같은 성공에 대한 조급함은 결과적으로
명석한 머리를 흐리게 하고
사람을 교만하게 만든다.

우리 인생은 어느 시점에는 격류처럼 흐르다가 또 더디게 나아가기도 한다. 즉 잘 풀릴 때도 있고, 잠시 정체되는 순간도 있다. 하지만 강박에 사로잡힌 사람들은 작은 실패도 견디지 못한다. 그러다가 망가진 기계처럼 중심을 잃는다. 어떤 이는 늘 시간에 쫓기는 반면, 어떤 이는 외부의 영향을 받지 않고 자기 시간을 철저하게 지배한다. 바로 마음가짐의 차이다. 막상 해놓은 일을 보면, 전자나 후자나 비슷하거나 오히려 조급한 쪽이 못한 경우가 많다.

매순간을 100프로 알차게 살겠다는 생각은 강박이

다. 물론 바쁜 업무 때문에 매순간에 최선을 다해야 할 때도 있다. 그럴 때는 무턱대고 일에 돌입하기 전에 잠시 생각의 여유를 가져라. 단호한 결정 전에, 그 결정까지의 과정에도 시간을 투자하라. 적어도 출근 시작 30분 전에 온전한 나만을 위한 시간을 마련해보자.

멘털 트레이닝_mental training

무엇이든 5분 일찍 시작하는 습관을 길들이자. 아침 기상 시간도 마찬가지다. 조금 더 일찍 일어나 준비를 시작한다면, 시간에 쫓긴다는 느낌이 사라질 것이다. 아침 기분이 하루 전체를, 나아가 인생 전체를 좌우한다.

■ turning point 03

아침의 작은 시작을 소중히 여겨라

하루를 소중히 여기지 않는 사람은

1년까지도 무의미하게 보낼 수 있는

탐탁지 않은 가능성에 빠진 사람이다.

 1년을 열심히 살았다는 것은, 하루씩 365번을 비교적 규칙적으로 보냈다는 것이다. 그를 위한 첫 단추는 아침에 벌어지는 기본적인 생활이다. 바쁘다고 다림질 되지 않은 셔츠를 마구 꿰어 입거나, 줄 나간 스타킹을 그대로 신고 나온다고 치자. 온종일 신경 쓰이고 정돈되지 않은 느낌이 들 것이다. 또 그런 모습을 본 누군가는 당신에게 좋지 않은 편견을 가질 것이다. 또 그 하루가 결국 당신의 일주일을 망쳐버릴 수 있다.

 아침은 새로운 시작이자 준비의 순간이다. 아침에 들이는 10분은 그 하루의 몇 시간과도 맞먹는다. 작은 시작일수록 무시하기 쉽지만, 사실은 그 작은 시작이 당신의 하루를 좌우한다는 점을 기억하자.

멘털 트레이닝_mental training

아침식사는 반드시 챙겨먹자. 아침이 일 효율성에 커다란 영향을 미친다는 것은 이미 잘 알려진 사실이다. 아침은 우리의 육체적 정신적 활동에 직접적으로 영향을 미치기 때문이다. 잘 차려먹기 힘들다면, 간단한 생식이나 자신만의 샐러드 식단을 만들어보는 것도 좋다.

■ turning point 04

시작은 용기로 이어진다

꿈꾸어라, 가슴이 불타오를 때까지.

그리고 그 꿈꾸던 길을 걸어라,

발에 물집이 잡힐 때까지.

많은 이들이 한 해마다 1년의 계획을 세운다. 문제는 시작이다. 길이 없어 보이는 사막도 찾는 자에게는 길을 보여준다. 하지만 첫걸음을 딛지 않고는 그 길을 알지 못한다. 계획만 잔뜩 세워놓고 미루는 이들이 있다. 실패할 것이 두려워서일 수도 있고, 게을러서일 수도 있다.

처음부터 모든 걸 완성할 수는 없다. 중요한 것은, 작지만 중요한 성과들을 매일같이 만끽하고 다짐해나가는 것이다. 일단 시작하면 멀었던 길도 점점 짧게 느껴진다. 시작은 곧 용기로 이어진다. '계획한대로 이루어지지 않으면 어쩌나.' 하는 불안은 시작도 하기 전에 의지를 꺾는다. 이런 불안감들은 일찌감치 버리는 것이 좋다. 지금 당장 작은 것들을 결심하고, 실행하자. 바로 지금 알람을 맞춰보자.

멘털 트레이닝_mental training

휴일이나 짬이 날 때마다 숲이 있는 곳을 찾자. 불안감을 술자리로 푸는 것은 위험하다. 숙취가 깨면 우울증의 원인 물질이 생성되면서 부정적인 생각으로 흐르기 쉽다. 그보다는 녹색을 즐길 수 있는 곳을 들려 사소한 고민이나 불안감을 털어버리자.

■ turning point 05

아침이 바뀌면 마음도 바뀐다

〈뉴욕타임스〉는 "비행기를 만들려면
수학자·기술자들이 1000만 년을
열심히 일해야 될 것이다"라고 썼다.
그러나 9일 후 라이트 형제는 비행에 성공했다.
그들의 도전은 그렇게 1000만 년을 건너뛰었다.

 사고방식을 긍정적으로 바꾸기 위해서는 그에 따른 노력이 필요하다. 주변의 부정적 시선은 무시하고, 비록 작더라도 자신만의 계획을 세우고 그를 지켜나가려는 노력이 요구되는 것이다. 긍정적인 마음을 심어주는 따뜻한 차 한 잔, 떠오르는 햇살을 바라볼 수 있는 기쁨, 화분에 물을 주는 정도의 여유만으로도, 우리 마음 상태는 얼마든지 바뀔 수 있다.

 출근하는 사람들일수록 출근에 대한 강박에 시달리기 쉽다. 하지만 쫓기는 아침은 쫓기는 하루를 만들어낸다. 30분 일찍 일어나는 것으로 출근 강박을 극복해보자. 하루 24시간은 1440분이다. 그중에 단 30분으로 마음상태를 바꿀 수 있다니 얼마나 다행인가.

멘털 트레이닝_mental training

일찍 일어나는 게 힘들다면 기분 좋게 잠을 깨워주는 음악 알람을 이용해보자. 요즘은 모닝콜 기능이 있는 오디오도 다양하게 나와 있다. 좋아하는 음악에 아침 기상을 맡겨보자.

■ turning point 06

인생은 결과가 아닌 과정이다

눈이 보이지 않는 자는 마음의 등불을 밝혀

어둠 속을 걷는다. 귀가 들리지 않는 자는

마음의 소리를 쫓아 외나무다리를 걷는다.

결과가 아닌 과정 속에서 우리 삶은

더 강건해진다.

 문학 작품을 보면 주인공들은 언제나 고난을 겪는다. 가장 위대한 인물로 평가받는 사람들은 바로 그 고난을 이겨내고 인생의 목적을 달성한 사람들이다. 태어날 때부터 운이 좋아 잘 풀리는 사람은 장담컨대 이 세상에 존재하지 않는다.

 인격의 높고 낮음의 문제야말로 내가 살아있다는 신호탄이다. 또 그런 관점에서 문제 속에서도 최선을 다하는 것이 중요하다. 문제를 이기고 난 뒤에는 반드시 그만한 보상이 따른다.

 물질적이든 정신적이든 그 보상은 다음 단계의 고난

을 이길 수 있는 힘이 된다. 지금 우리가 살고 있는 이 순간은 결과가 아닌 과정이다.

지금 당신은 어떤가? 당신에게 닥친 어려움을 과정으로 보고 있는가? 아니면 결과라고 생각해 좌절하고 있는가?

멘털 트레이닝_mental training

틈날 때마다 고전을 읽어보자. 고전은 인간의 보편적인 문제들을 현실적이고 철학적으로 다룬 좋은 지침서다. 고전의 주인공들에게 기대어 함께 울고 웃어보자. 우리 인생이 얼마나 길며, 얼마나 많은 굴곡이 있으며, 얼마나 달라질 수 있는지를 깨닫게 될 것이다.

turning point **07**

당신도 모르는 당신의 가능성

평생을 공부하는 자는

위험 속에서도 그 위험을 건너갈 수 있는

마음의 지도를 얻게 된다.

평생 공부는 자신의 가능성을

무한대로 키워내는 초월적인 지혜를

갈구하는 일이다.

 자신의 능력을 제대로 파악하고 있는 사람은 극히 드물다. 게다가 대다수는 오히려 자신의 능력을 과소평가한다. 수많은 사상가, 예술가, 혁명가들을 보라. 우리의 역사가 말하는 위대한 인물들은 자신의 능력을 불가능 속에서 가능을 꿈꾸었고, 놀라운 성과들을 이루어냈다. 쿠바 혁명의 체 게바라는 이렇게 말했다. "우리 모두 리얼리스트가 되자. 그러나 가슴 속에 불가능한 꿈을 가지자."

 자신의 현실적인 면모를 아는 것도 중요하다. 하지만 더 중요한 것은 그런 현실 속에서 한층 높은 곳에 있는 목표를 거머쥘 수 있는 열정과 인내와 믿음이다.

이 세상은 장점보다는 단점이 더 쉽게 드러나는 곳이다. 생존경쟁이 치열한 현대에서는 자신의 나락으로 떨어뜨리지 않고 단단히 붙잡고 있는 내면의 힘이 중요하다. 자신의 가능성, 그 무한발전소의 힘을 믿어라.

멘털 트레이닝_mental training

매일 평소 안 해보던 것들, 그러나 얼마든지 할 수 있는 좋은 일들을 하나씩 목표하고 해나가자. 이를테면 '나를 꾸짖은 상사에게 말없이 커피 갖다주기', '불필요한 줄 알면서도 쌓아두었던 물건 버리기' 등등이다.

2장

아침 출근은 최대한 즐겁게

하루의 도구를 잘 챙겨라

출근길을 헛되이 하지 말자

출근길 30분을 알차게 보내는 법

조간신문 비판적으로 읽기

정보통 아침 라디오 듣기

최고의 동기부여, 아침독서

동료들의 마음 읽기

감사의 한마디를 생각하자

올바른 계획이 중요하다

좀더 편하게 지하철과 버스 타기

출근길 잠은 하루의 적이다

변화의 출발선에 서라

■ turning point **08**

하루의 도구를 잘 챙겨라

언제나 나와 함께 하는 물건들은

안정감을 가져다준다.

그 물건들은 이미 물체가 아닌

나와 함께 하는 동료다.

　물건들이란 사실 사는 것도 좋지만, 오래 쓰면서 소중한 것이 된다. 실제로 우리는 누구나 온종일 나와 함께 이동하고 움직이는 물건들을 가지고 있다. 그것이 가방일 수도 있고 노트북일 수도 있고, 또는 만년필이나 필기구일 수도 있고, 핸드폰이나 PDA일 수도 있다. 여성들의 경우는 매일 바르는 화장품 등이 그런 역할을 하기도 한다. 이처럼 내 일상에서 함께 하는 물건은 안정감을 준다는 점에서 꼭 필요하고 소중히 다뤄야 할 것들이다. 아침 시간에는 이 물건들을 빠뜨리지 않도록 차분히 챙겨보도록 하자.

실제로 이런 물건들 중에 하나를 빠뜨리고 출근했을 때 왠지 하루가 불안하게 느껴지는 경우를 경험해봤을 것이다. 이것은 그 물건이 더 이상 물건이 아니라 나의 생활 속에 들어왔기 때문이다. 따라서 그 물건을 챙기고 다루는 데도 소홀함이 없이 하고 그 물건을 최대한 잘 활용해 생활의 안정감을 찾자.

멘털 트레이닝_mental training

다만 이렇게 챙겨야 할 물건이 지나치게 많다면 그것 또한 문제다. 따라서 꼭 필요한 것, 언제나 가지고 다니는 것 위주로 챙기고, 틈틈이 소지품 정리를 해서 필요 없는 것들을 체크하도록 하자.

turning point 09

출근길을 헛되이 하지 말자

순간 순간 자신이 죽어가고 있다는 걸
느끼는 사람은 자투리 시간도 함부로 쓰지 않는다.
그래서 때때로 죽음은 공포의 대상이 아니라
우리를 독려하고 더 나은 길로 나아가게 하는
좋은 친구가 된다.

 흔히 이런 불평을 듣게 된다. "아, 회사 오고 가는 시간만 해도 벌써 몇 시간이야!" 그런 말에 대다수는 고개를 끄덕인다. 하지만 출근 시간을 나름대로 잘 이용했다면 이런 불평이 나올 리도 없다.

 이런 불평을 입에 달고 있다면, 혹시 당신은 매일같이 아슬아슬하게 지각을 하고 있지는 않은가? 그럴 경우 출근할 때마다 '지각하면 어쩌지?' 하는 불안감 때문에 아무것도 할 수 없게 된다. 또 당신은 깊고 편안한 수면을 취해 다음날 기상에 문제가 없는가? 혹시 밤중에 잠이 오지 않아 뒤척인다면 낮 동안 15분의 체조

시간이 필요하다. 혹시 당신은 아침에 무엇을 해야 할지 몰라 주춤대는가? 그렇다면 계획을 짜는 일이 우선이다.

이처럼 모든 일에는 순서가 있다. 출근길을 즐겁고 알차게 보내려면 무엇보다 문제점을 찾아내고 그에 대한 대책을 마련해보자.

멘털 트레이닝_mental training

한꺼번에 계획을 짠다고 모든 게 이뤄지는 것은 아니다. 출근길 계획은 거창한 것보다는, 하기 쉽고 가능한 것부터 시작한다. 대신 중도에 멈춰서는 안 된다. 포기도 습관이 된다는 점을 기억하자.

■ turning point **10**

출근길 30분을 알차게 보내는 법

과거에 발목을 잡히는 것은 어리석은 짓이다.
설사 그것이 1분 전에 일어났던 일이라 해도
객관적으로 지금에 도움이 되지 않는다면
과감히 잊어버려라. 그런 의미에서 우리는
아무리 고통스러워도 무대 위에서 웃음 짓는
프로 배우들을 배울 필요가 있다.

 교통편이 빨라지고 이동 거리가 늘어나면서, 많은 이들이 제법 긴 시간을 출퇴근한다. 적게는 30분부터 길게는 한두 시간도 있다.

 잠은 충분히 자되 머리 회전이 빨라지는 아침 출근길에는 도움이 될 만한 일을 하자. 특히 출근길마다 어제 다 마치지 못한 일, 어제 만났던 사람들, 어제 실수한 일들 등등이 당신을 괴롭힌다.

 하지만 출근길은 하루의 시작이며, 어제와 결별하는 순간이다. 출근 시간에 어제 있었던 일을 생각하는 것은 무의미하다. 오히려 이때는 스스로에게 충만함을 안겨주는 일, 과거가 아닌 미래에 도움 되는 일을 하라. 굳이 직장과 연결되지 않은 것이라도 좋다. 나에게 가장 필요한 것이 무엇인지 생각해보고, 즐겁고 스스로에게 힘을 줄 수 있는 어떤 것들을 계획하고 실행하라.

멘털 트레이닝_mental training

출근길은 무언가를 완벽하게 소화하기에는 다소 불충분한 시간이다. 이럴 때 장기적으로 집중해야 하는 일은 효율 면에서 좋지 않다. 20분 내외로 간단히 한번 훑어볼 수 있는 업무, 짧은 외국어 공부, 잘 읽히고 짧은 사색을 제공하는 책들이 좋을 것이다. 또 출근길에 서서 가야 하는 사람이라면 휴대가 간편한 mp3도 좋은 벗이 된다.

■ turning point **11**

조간신문 비판적으로 읽기

올바른 비판은 정신의 자양분이다.

우리는 비판을 통해 더 나은 성찰로 나아가며,

그 안에서 새로운 길을 찾는다.

다투는 게 무서워 비판하지 않는 사람은,

자신이 비판당할 때도 쉽게 무릎을 꺾는다.

　최근 들어 지하철 역사 앞에 무료신문이 보급되고 있다. 하지만 경쟁적으로 쏟아지는 이 무가지들은 별 내용이 없다. 건강한 아침 시작은 어떤 조간신문을 선택하느냐에도 큰 영향을 받고 있다. 비판 없이 받아들이는 정보나 이야기는 그저 한 귀로 흘러갈 뿐, 결코 내 것이 되지 않는다. 쉽게 말해 그런 무가지들을 읽고 '아, 잘 읽었다'라고 느끼는 사람이 몇이나 있을까?

　시간을 소중히 여기기로 마음먹었다면, 지금부터는 정보가 풍부한 일간지를 선택하자. 다 읽을 만한 시간이 없다면, 전체적인 흐름을 본 뒤 사색의 여지를 마련해주는 일부 기사만 꼼꼼히 읽자. 신문은 많이 읽는 것보다 내용 있고 규모 있게 읽는 것이 중요하다. 또 이렇게 쌓인 정보는 얕은 흥미 위주의 지식과 비할 때 일에도 인생에도 큰 도움이 된다.

멘털 트레이닝_mental training

그래도 주변에 무료신문밖에 읽을거리가 없다면 그 중에서도 내용을 선별하고 비판하면서 읽자. 비록 분량은 적겠지만, 특히 국제기사나 정치 경제 면은 몇 개의 무가지를 동시에 읽으면서 논점을 비교해보는 것도 좋다. 바람처럼 사라질 스캔들 기사 등에는 웬만하면 눈길을 주지 말고, 정 읽고 싶다면 중요 기사들에 대한 짧은 사색을 결말낸 뒤에 읽자.

■ turning point **12**

정보통 아침 라디오 듣기

두뇌의 활동은 정보력과 만나면
더 큰 시너지를 낸다. 정보 습득에 게으르면
두뇌도 큰 그림을 그리지 못하고 멈춘다.
정보는 두뇌의 윤활유다.

 아침 라디오는 어제 있었던 뉴스를 가장 빨리 알려주는 소식통이다. 게다가 활력 있는 아침을 위한 음악, 사색거리를 준다.

 특히 아침 라디오는 자가용 운전자, 빡빡한 지하철에서 서서 가야 하는 통근자들에게 효율적이다. 쉽게 들을 수 있고, 분석에 많은 힘을 들이지 않아도 되기 때문이다. 최대한 느긋한 마음으로 듣다 보면, 의외로 내게 필요한 정보들이 머리에 들어온다. 이처럼 아침에 듣는 정보는 쉽게 기억되고 그날 하루에도 영향을 미친다. 또 오래 들어 익숙해진 진행자가 있다면 마음도 안

정되고, 정보를 받아들이는 효율성도 높아진다. 방송 역시 하나의 소통이기 때문이다.

물론 위성TV와 지상파 등 다양한 프로들을 제공하는 DMB도 좋지만, 출근길에는 좀 더 명상적이고 편안한 라디오 프로그램이 적합하다.

멘털 트레이닝_mental training

아침 라디오도 전문성이 제각각 다르다. 학생에게 어울리는 프로가 있고, 비즈니스맨에게 어울리는 프로가 있다. 또 뉴스는 생방송을 들어야 한다. 즉 출근 시간대에 나오는 방송들을 꼼꼼히 하나씩 들어보고 어느 것이 내게 어울리고 도움이 될지를 결정하는 것도 포인트다.

■ turning point **13**

최고의 동기부여, 아침독서

지식은 독서의 양과 비례하지는 않는다.

어떤 책을 어떻게 읽느냐가 더욱 중요하다.

하지만 이 모두를 떠나

책을 가까이 하지 않는다는 것은

성장을 꿈꾸는 사람에게는 특히 큰 불행이다.

　책은 인류의 역사와 함께 발전해왔다. 영화와 연극, 수많은 예술 분야 중에서 독서야말로 우리의 정신적 보고임은 분명하다. 아침독서는 아침 시간을 깊이 있고 발전적으로 보낼 수 있는 가장 보편적인 방법이다. 특히 독서는 홀로 하는 작업인 만큼 자신의 내면과의 소통을 독려한다. 한 귀로 흘려듣는 것이 아니라 눈으로 보고 머리로 생각하므로 내 것으로 만들기도 쉽다. 일상의 어려움, 업무의 어려움, 이 모든 보편적인 어려움에 대처할 수 있는 풍부한 경험들이 담겨 있다는 것도 장점이다.

좋은 글귀와 좋은 내용을 읽다 보면 자신도 모르게 풀리지 않은 응어리들이 사라지고, '나도 이렇게 해봐야지' 하는 용기가 생긴다.

최근에는 한 손에 잡을 수 있는 핸디북들이 많다. 사이즈 작은 것을 골라 언제든 가방에 넣고, 특히 아침에 읽은 것들은 그날 그날 최대한 실행하도록 노력하자.

멘털 트레이닝_mental training

책은 읽는 것도 중요하지만, 고르는 것도 중요하다. 수많은 동기부여 서적들, 내 것이 될 만한 책을 찾는 일은 쉽지 않다. 남들이 다 읽는 베스트셀러도 좋지만, 그보다는 나의 상황에 맞는 책을 골라야 한다. 서문이나 서평만 읽고 덜컥 사지 말고, 전체 내용을 대강이나마 훑어본 뒤 쇼핑백에 넣자.

■ turning point **14**

동료들의 마음 읽기

만나는 모든 사람이 내 스승이라는 생각을 가지면

분노하거나 다툴 일도 없다.

작은 밥그릇을 위해 큰 관계를 희생하지 말라.

   많은 이들이 동료들에 대한 어려움을 토로한다. 출근 시간은 동료들의 마음을 읽는 시간이다. 사회생활에서 동료는 가장 중요한 관계다. 오늘 업무를 생각하고 누구와 어떤 이야기를 나눌지 조심스레 추정해보는 것이다. 특히 관계가 삐걱거리는 사람이라면 더 신중하게 대하자.

   우리는 바쁘다는 핑계로 관계를 미루고 준비에도 소홀하다. 그러나 준비되지 않은 회의나 업무 협력은 자칫 불협화음을 낳는다. 마음의 준비만 되어 있으면 가볍게 넘길 수 있는 일까지도 크게 만들어 버린 경험은 없는가?

  회사생활도 하나의 메커니즘이다. 즉 원칙대로 움직이면 쉽게 고장 나거나 이탈하지 않는다. 또 관계의 메커니즘은 마음의 전달이다. 이 전달 방법만 확실히 알아도 불필요한 관계악화를 막을 수 있다. 업무의 시작을 알리는 출근 시간을 이용해 그날그날의 메커니즘을 정리해보자.

멘털 트레이닝_mental training

회사 안에서는 싫은 사람이든 좋은 사람이든 공평하게 대하자. 마음 가는 사람과의 관계는 일이 끝난 후에 잘 유지하면 된다. 아침마다 그날 얼굴을 맞대야 할 사람들을 꼽고 업무 상황을 가정하면 돌발 상황을 막을 수 있다. 설사 싫은 사람일지라도 감정적으로 대하지 않겠다고 다짐한다.

■ turning point **15**

감사의 한마디를 생각하자

감사를 하면 부족해 보일까 하는 걱정이 드는가.

그렇다면 당신이 누군가에게

감사받았을 때를 떠올려보라.

사회생활을 하다 보면 매일같이 사람을 만난다. 즉 사람에 대한 태도가 당신의 비즈니스를 판가름 낸다. 사람은 본래 감사를 받는 데 익숙해져 있다. 따라서 당신이 진심어린 감사를 건네면 상대도 변화한다.

또 당신도 동시에 상대 지향으로 변화한다. 감사는 아무리 넘쳐도 모자람이 없다. 다만 여기에는 진실성이 필요하다. 형식적인 감사는 오히려 의심을 불러일으킬 수 있다.

그날 그날 감사할 사람들의 얼굴을 떠올리고, 감사의 말 한마디를 생각해보자. 어떻게 그 감사를 전하고 어떤 말을 쓸지도 구체적으로 생각하자. 너무 막연하다면 상대에게 무엇을 감사하고 있는지 자신의 감정을 돌이켜보자. 이때 모두에게 똑같은 감사의 말을 쓰기보다는, 감사의 정도에 따라, 또는 상황에 따라 적절한 보상 방법을 고민해보는 것이 중요하다.

멘털 트레이닝_mental training

고객에 대한 감사, 동료에 대한 감사, 친구나 가족에 대한 감사, 이 모두는 각각의 형식이 필요하다. 즉 고객에게는 친구에게 하듯 감사를 표할 수 없다. 또 가족을, 고객 대하듯 할 수도 없다. 감사에도 나름의 표현법이 있음을 인식하고 적절한 전달 방법을 고려해보자.

■ turning point **16**

올바른 계획이 중요하다

사막을 건너는 사람은 별을 보고 움직인다.

우리에게는 평범한 별일지라도

그들에게 그 별은 생존에 가까운 구체적인 계획이다.

먼 길을 떠날 때는 그래야 한다.

  계획만으로는 아무것도 이뤄지지 않는다. 용기만으로는 모든 것을 해낼 수 없으며, 실천은 계획 단계에 결정 난다. 그래서 계획은 무엇보다도 올바른 것이어야 한다.

  계획에도 수칙이 있다.

  첫째, 계획은 현실에 맞아야 한다. 허공에 뜬 계획은 뜬구름이 된다. 둘째, 계획은 나를 발전시키는 것이어야 한다. 의미 없는 계획은 중도에 하차할 가능성이 높다. 셋째, 계획은 분명한 목적을 가져야 한다. 결과물을 생각하지 않는 계획은 그 긴 과정을 이겨낼 힘이 부족하다. 넷째, 계획에 맞는 도구를 고민해야 한다. 예를 들어 다이어트를 결심했다면 가장 먼저 체중계가 필요하다. 독서를 결심했다면 좋은 책을 구해야 한다.

이처럼 계획의 수칙과 순서를 잘 따르면 실패 가능성도 한결 줄어든다.

멘털 트레이닝_mental training

중간에 계획대로 되지 않는다고 해서 좌절할 필요는 없다. 계획이라는 것은 과정마다 일정한 수정이 필요하기 때문이다. 특히 장기적인 계획일수록 중간점검을 잘 하고, 현실에 잘 맞도록 고쳐나가는 일이 반드시 필요하다.

■ turning point **17**

좀더 편하게 지하철과 버스 타기

무언가를 바꾸고자 한다면

일단 그에 대해 자세히 알아야 한다.

통계와 사전조사를 무시하는 사람은

궤변에 빠지기 쉽다.

　당신은 회사로 향하는 출근길을 제대로 파악하고 있는가? 좀 서서 가더라도 빨리 가는 경로, 아니면 시간은 좀 더 걸리지만 한산하고 앉아서 갈 수 있는 경로 중에 하나를 택할 수 있는가?

　아침 출근 시간을 이용해 무언가를 하려 한다면 이걸 정확히 알아야 한다. 어떤 이는 자리에 앉기 위해 일부러 지하철을 거꾸로 타고 승객이 적은 정거장을 찾아서 앉기도 하며, 남들보다 일찍 나와서 러시아워를 피하거나 한산하고 돌아서 가는 구간을 택한다. 조금 한산하고 앉아 갈 수 있다면 더 많은 것을 할 수 있기 때문이다. 누군가와 어깨를 부딪치지 않고, 후텁지근한 공기에 숨 막힐 일도 없이, 좀 더 집중력 있게 어학 공부나 하고자 하는 공부도 할 수 있다.

이를 위해서는 우선 하루의 출근 시간에 쓰이는 경로와 시간을 상세하게 살펴보고 실천 가능한 계획을 짜는 것이 중요하다. 가장 먼저 보다 집중도가 높고 한산한 출근 경로를 짜야 한다. 그것은 발로 뛰는 수밖에 없다. 회사까지 여러 경로를 몸소 찾아보고 버스나 지하철 모두를 타본 뒤에 결정해야 한다.

멘털 트레이닝_mental training

더 나아가 출근 시간에 할 수 있는 단기적인 공부를 찾는 것도 중요하다. 예를 들어 템포가 긴 일은 짧게 쪼개서 하면 능률이 오르지 않는다. 따라서 짧고 굵게 할 수 있는 일을 매일 출근 시간에만 반복해 하는 것이 중요하다. 그런 후 한 달이 지났을 때 내가 얼마나 큰 성과를 이루었는가를 체크해서 성취감을 느끼고 그것을 이어가야 한다.

■ turning point **18**

출근길 잠은 하루의 적이다

잠은 침대 위에서 이루어져야 가장 편안한 것이다.

침대 위에서는 깊은 잠을 자고

그곳을 떠나면 잠을 잊어라.

　자투리 잠을 통해 체력을 보충하는 사람들이 있다. 그 자체로 보면 나쁘지 않지만, 그것이 출근길 잠이면 곤란하다. 출근길은 하루를 여는 시작이다. 지하철이나 버스에서 자는 잠은 그다지 질이 좋지 않다. 승객들이 많이 타기 때문에 공기도 좋지 않고, 잦은 소음과 정거장에서 내려야 할 걱정 때문에 얕은 잠을 자게 된다. 그러다가 막상 내려서 회사로 걸어가는 길은 다리가 무겁고 무기력하기만 하다. 멍하니 졸린 얼굴로 들어서니 업무에 집중이 잘 될 리도 없다.

　문제는 상습적으로 출근길 잠을 자는 사람들이다.

이들은 전날부터 '모자란 잠은 출근길에 자야지.' 라는 생각을 가지는 경우가 많다. 그래서 잠이 모자란 데도 이것저것을 하다가 늦게야 잠자리에 든다. 그리고 그것이 하루 이틀 반복되면서 출근길이 되면 어김없이 졸기 시작하고, 지하철과 버스 좌석에서 몸을 뒤척이다 보면, 알게 모르게 '아침은 하루 중에 제일 피곤한 시간' 이라는 생각이 자리 잡게 된다. 그러니 아침이 달가울 리가 없고, 출근길도 귀찮고 무거운 것처럼 느껴지게 된다.

멘털 트레이닝_mental training

만일 전날 늦게 잠이 들었다 해도 일단 출근할 때는 자지 않는 습관을 들여 보자. 만일 출근길이 길다면 무언가 시간을 때울 꺼리를 찾게 되고 자연히 출근길에 할 일이 생길 것이다. 출근길은 아침의 본격적인 시작이며, 그날 하루의 태도와 마음가짐이 모두가 한 시간 남짓한 이 순간에 결정된다. 설익은 잠으로 하루의 템포를 망치지 말자.

■ turning point **19**

변화의 출발선에 서라

매일을 출발점으로 삼는 사람은
평생을 견뎌낼 지구력을 얻을 수 있다.
시간을 분할하고 그 작은 범주 안에서
최대의 의미를 찾아라.

 오늘 하루는 어제의 연장선이지만, 생각에 따라서는 새로운 출발이다. 아무리 한 회사를 오래 다녔다 해도 매일이 늘 똑같을 수는 없다. 즉 어떻게 꾸려가는가에 따라 오늘 하루는, 어제와는 완전히 다른 하루가 된다. 오늘이야말로 나와 내 주변을 변화시킬 수 있는 기회라는 생각을 가지면, 자연스레 그날 하루에 대한 새로운 기대도 품을 수 있다. '오늘은 계획한 것들 중에 이런 부분을 해내야지.' 하는 생각에 표정도 밝아지고 움츠렸던 어깨도 펴지는 것이다. 또 그러다 보면 만나는 사람들에게도 활발하고 기분 좋은 인상을 안겨줄 수 있다.

변화는 먼 곳에 있지 않다. 또 굳은 다짐만으로 이룰 수 있는 것도 아니다. 지금, 다가오는 순간부터 실행하고 움직이는 것이 바로 변화다. 또 그런 행동이 실천이 되고 습관이 되면, 어느덧 발전하는 자신의 모습도 발견하게 된다.

멘털 트레이닝_mental training

왠지 의욕이 나지 않는 아침에는 한 구절씩 자신을 동기부여할 수 있는 글귀를 읽자. 마음에 와 닿는 구절은 노트에 적어 반복해서 읽어본다. 사람도 때로는 기계처럼 기름을 쳐주고 스스로 돌봐줘야 한다. 행복해지는 데도 노력이 필요하다.

3장

성공적으로 시작하는 아침 업무

스스로와의 약속을 만들어라

우선순위를 짜라

긴 회의는 낭비다

말보다 문서를 제출하라

다양한 고객 만나기

아침에는 하루 전체를 계획하라

중요한 결정은 아침에 내려라

신선한 아침 정보를 수집하라

내 컨디션을 파악하는 시간을 가져라

미뤄둔 업무부터 해치워라

몰입의 기술을 사용하라

■ turning point **20**

스스로와의 약속을 만들어라

자신의 능력을 과신하는 것은 위험하다.

이는 재능을 가지고도 그 재능에 걸려 넘어지는 격이다.

스스로 실현 가능한 한도를 정하고

그 안에서 최선을 다하는 것이

재능을 최대한 발휘하는 유일한 방법이다.

 일을 하다 보면 하기 싫은 일도 있을 테고, 내 능력치 이상을 요구하는 일도 있을 것이다. 이럴 때 싫거나 어려운 일을 피해만 간다면 그만큼 능력의 확장 기회도 줄어든다. 그럼에도 무턱대고 덤빌 수도 없을 때, 이때 필요한 것이 마인드 컨트롤이다. 내 능력을 정확히 알되 그 안에서 최선을 다하도록 스스로의 범위를 정하는 것이다. '오늘은 이 부분을 반드시 해내자!'라는 다짐 속에서 그날의 목표를 되새겨보자. 이렇게 되면 잘못된 목표를 짜서 헤맬 일도 없고, 자신과의 약속이기에 더 책임 있게 수행할 수 있다. 약속이라고 해서 거창한 걸 이야기하는 것은 아니다. 그날 해낼 수 있는 업무의 일부나, 그 동안 미뤄뒀던 일들을 해치우는 것만으로도 충분하다.

약속은 지키고 나면 늘 기분 좋은 것이다. 약속은 책임감 있고 추진력 있는 사람을 만든다. 또 스스로를 대견하게 느끼는 사람은 쉽게 꺾이지 않는다.

멘털 트레이닝_mental training

오늘 행할 약속을 정하고 별점 시트를 만들어보자. 그날 하는 약속을 적고 퇴근 전에 그에 대한 별점을 매긴다. 처음에는 번거로울 수 있으나, 이것이 모이면 자신의 변화발전을 조망해볼 수 있는 좋은 정보가 된다.

■ turning point **21**

우선순위를 짜라

우선순위를 모르는 사람은

당장 배가 고프다고 씨암탉을 잡는 것처럼,

인생에서도 어리석은 실수를

저지를 가능성이 많다.

돈은 잘 쓰기 위해 버는 것이다. 돈을 쓰는 데도 법칙이 있다. 경제 전문가들은 흔히 돈을 쓸 때, 가장 절실한 것부터 사라고 조언한다. 일도 마찬가지다. 눈앞에 산더미 같은 업무가 쌓여 있을 때, 반드시 우선순위를 정하자.

하지만 우선순위라고 해서 무조건 순서를 정하라는 건 아니다. 우선순위를 정하기에도 경륜과 경험이 필요하다. 중요해 보이나 사실은 중요하지 않은 일들, 보기에는 사소하지만 사실은 중요한 일들도 있다. 이는 업무의 전문성과도 연관된다. 고객관계를 중요시 여기는 업계에서는 산더미처럼 쌓인 서류보다는 고객의 요구를 맞춰주는 것이 중요하다.

즉 우선순위를 정하기 위해서는 그 업무에서 가장 중요시 여겨지는 것이 무엇인지를 알고 그에 재빨리 대처하는 대응력을 키울 필요가 있다.

멘털 트레이닝_mental training

중요한 일을 처리하고 난 뒤에는, 작은 일부터 재빨리 해치우자. 일의 가짓수가 많을수록 스트레스가 늘어나고 갈피를 잃기 쉽기 때문이다. 하나씩 해치울 때마다 업무계획서에 정확히 표시하는 것도 잊지 말자.

■ turning point **22**

긴 회의는 낭비다

타인에게 내 의견을 전하는 일 또한

체계와 준비가 필요하다.

쏟아지는 말들을 주고받는 것은 푸념에 불과하다.

이는 인생에서도 마찬가지다.

 위계질서가 정확하거나 아이디어가 많이 필요한 회사들에서는 회의가 필수적이다. 하지만 통상적으로 준비가 부족한 회의는 난상토론으로 끝나기 쉽다. 즉 그만큼 회의에도 올바른 형식과 사전준비가 필요하다. 주제를 최대한으로 줄이고, 무엇보다 탁자에서 모든 것을 결정 내려는 자세는 버려야 한다.

 업무 역시 시간이 흐르면서 자연스레 정리된다. 회의석상에서 다급하게 결론을 내리는 대신, 각자의 재량권을 인정하고 수순을 밟아야 한다. 회의 상에서는 효율적으로 방향을 잡고, 아이디어나 일의 결과는 차

후에 보고하도록 한다. 또 너무 많은 것을 한꺼번에 다루는 대신, 위계수순에 있는 모두가 공감할 수 있는 가장 중심된 주제만 논의하는 것이 좋다. 즉 회의는 조직을 북돋는 것이지, 통제하려는 것이 아님을 명심하자.

멘털 트레이닝_mental training

일반적으로 회의 주도자는 상사다. 그럴 경우 하급 직원들은 일방적으로 지시를 하달 받는 것에 그칠 위험이 있다. 주 단위 또는 매일 단위로 전원이 한 번씩 회의 주제자를 번갈아 하다 보면 책임감과 열성이 급속도로 높아진다.

turning point **23**

말보다 문서를 제출하라

문자의 발견은 인류의
가장 위대한 업적이라고 해도 과언이 아니다.
바쁠 때일수록 가장 명료한 의견 전달법,
문서를 이용하라.

　말을 많이 주고받는다고 업무가 원활해지는 것은 아닐 것이다. 중요한 것은 요점을 정확하게 전달하는 것이다. 일상적인 글쓰기에 익숙해진 사람들은 자신의 주장이나 요구도 명확하게 표현할 줄 안다. 즉 많은 말보다는 문서에 적어 그 정확도를 높여보는 것도 좋은 방법이다. 아침 시간은 업무적 글쓰기에 가장 적합한 시간이다. 분주하게 쫓기듯이 일을 시작하기 전에 15분 정도 문서 정리 계획을 짜라. 문서 전달은 불필요한 감정적 소모를 줄이고 시간 낭비 또한 막을 수 있다.

아직 기틀이 잡히지 않았다면 일단 노트 한 권을 정해 길게 쓰도록 하고, 차츰 항목 별로 분류하고 의견을 적는 연습을 해보면, 얼마 안 가 자신에게 맞는 전달 방식을 활용할 수 있게 된다.

개인적인 문서 외에 제출한 문서에는 보다 정확한 표현과 어투를 사용해야 한다는 점도 기억하자.

멘털 트레이닝_mental training

'문서는 거짓말을 하지 않는다'는 말이 있다. 문서는 업무 리스크를 최대로 줄이는 하나의 방법이다. 작성한 문서는 비록 상사에게 제출하더라도 반드시 복사본을 만들어 파일로 묶어놓고 필요할 때마다 편리하게 꺼내 쓰자.

■ turning point **24**

다양한 고객 만나기

아침은 인사를 나누고
안부를 묻는 시간이다.
인사하듯 사람과 만나고
춤을 추듯 어울려라.

아침에 활기찬 사람 주변에는 사람이 모인다. 보기만 해도 기분이 좋아지는, 그런 사람이 되어보자.

만일 충분한 활력만 준비하고 있다면 아침은 여러 고객들을 만날 수 있는 최적의 시간이다. 자연스레 어제 안부를 물어보는 등 다양한 접근방법을 사용할 수 있고, 일찍 연락을 취하면 상대도 내가 많은 배려와 관심을 주고 있다고 느낄 것이다.

특히 어려운 고객들일수록, 아침 시간대를 이용해 만남을 시도해보자. 상대에게 활기찬 인상을 줄 수 있을 뿐만 아니라 정중해 보인다. 사실 점심을 먹고 늦은 오후에 연락을 취하거나 만남을 제안한다는 것은 그 자체로 감점이다.

고객들은 대접받기를 좋아한다. 또 자신들이 중요한 사람이기를 원한다. 바로 지금부터 아침 시간대로 고객을 만나 마음을 사로잡자.

멘털 트레이닝_mental training

고객들과 연락을 취하기 가장 좋은 시간대는 10시부터 11시 반 사이이다. 너무 일러도 조급하거나 무례해 보일 수 있고, 11시 반 이후는 점심시간과 휴식시간의 전초전이기 때문에 중요한 이야기를 하기에는 적합하지 않다. 따라서 이 황금 시간대에는 중요한 고객들 위주로 만남을 가져가자.

■ turning point **25**

아침에는 하루 전체를 계획하라

인생의 시작점에서는

그 전체 인생을 바라보고,

1년의 시작에는 365일을 바라보며,

하루의 시작에서는 또다시 그 하루를

온전히 바라보라.

　코페르니쿠스 전 과학자들은 오직 지구만을 중심으로 삼아 이 세계를 이해했다. 때문에 그들은 더 넓은 우주가 있으며, 지구라는 별은 사실 그 중 아주 작은 일부에 불과하다는 사실을 깨닫지 못했다.

　전체의 일부만 보는 사람은 이처럼 커다란 세계를 관망할 수 없다. 마찬가지로 아침부터 계획 없이 급한 일만 처리하다 보면, 분명 전체적인 면에서는 리스크가 난다. 이런 리스크가 하루 이틀 쌓이면 업무 방향 전체를 흐트려 놓는다.

　'급한 일'과 '반드시 해야 할 일'을 구분하는 것도

기술이다. 시간과 일에 쫓기는 대신 여유를 가지고 하루 전체를, 더 나아가 한 달과 1년을 바라봐야 한다. 물론 이는 쉽게 행할 수 있는 일은 아니지만, 노력을 통해 얼마든지 개선할 수 있다.

아침 시간에는 그날 할 일 전체를 바라보자. 또 오전과 오후로 나누어 구체적인 계획을 되도록 상세히 작성하자. 또 직장은 직장, 개인 생활은 개인 생활로 나누되, 업무가 끝난 뒤 무작정 풀어지지 않도록 저녁 시간을 어떻게 보낼지도 미리 생각해두자.

멘털 트레이닝_mental training

많은 이들이 업무노트를 아침이 아닌 저녁에 쓴다. 이는 계획이 아닌 회고에 지나지 않는다. 주객이 전도된 셈이다. 업무일지는 반드시 아침에 쓰자.

■ turning point **26**

중요한 결정은 아침에 내려라

결정을 미루는 것은

마음의 짐을 쌓아놓는 것이다.

하루에 일정한 시간을

'결정의 시간'으로 정해

미뤄놨던 마음의 짐을 덜어라.

 아침은 가장 머리가 맑고, 하루 계획을 가장 객관적으로 바라볼 수 있는 순간이다. 실제로 아침 나절의 뇌 효율은 오후 때와는 확연하게 다르다. 저녁때는 자칫 피로를 느끼거나 긴장이 풀려 명확한 상황 분석을 하기 힘들어지지만 아침에는 많은 것들이 명료해진다. 즉 급한 결정일수록 저녁 시간을 피해 다음날 아침을 기다리는 것이 좋다.

 그 동안 충분히 심사숙고할 시간적 여유를 확보하는 것이다. 이처럼 아침나절을 이용해 확고한 결정을 내리면, 그날 하루도 큰 갈등 없이 일사천리로 흘러간다.

즉 이른 아침에 결정을 내리면 나머지 시간은 한결 가벼워지는 것이다. 이렇게 할까, 저렇게 할까 고민하는 시간이 줄어든다니 이만큼 속 시원한 일이 어디 있는가.

멘털 트레이닝_mental training

아침나절을 '결단의 시간'으로 인식하자. 즉 어떤 문제들이 쌓여 있을 때, 오전 시간의 일부를 할애해 결정을 내리는 것을 습관화하자. 이것이 익숙해지면 올바른 의사결정 방법을 자연스레 습득하게 되고, 업무 효율도 높아진다.

■ turning point **27**

신선한 아침 정보를 수집하라

정보 수집은 이 시대를 살아가는 자가

잊지 말아야 할 끼니와 같다.

정보는 힘과 활력을 주고

지력과 재력을 키워주며,

심지어 삶의 방향을 정하는 데도 크나큰 역할을 한다.

 최근 들어 인터넷의 발달은 그야말로 업무에도 혁신적인 변화를 가져왔다. 옛날에는 종이로만 볼 수 있던 신문들도 인터넷에 각자 사이트를 두고 있고 먼 뉴욕 증시도 자정이 지나면 곧바로 전송된다. 특히 정보에 민감한 일을 하는 분야가 아니라도 매일 아침 변화하는 정보를 알아두는 것은 여러모로 도움이 된다. 아침 업무를 시작할 때 인터넷 등으로 정보를 검색하는 시간이 꼭 필요한 것도 이 때문이다.

 검색 내용은 그날 업무와 관련된 사항도 좋고, 아니면 전반적인 시사 문제와 경제 문제를 위주로 보는 것도 좋다. 다만 어떤 하나를 정하면 그것을 중심으로 검색해야 하며, 정보를 모을 때는 산만하기보다는 일정한 사이트를 정해두고 주간 변화 등 흐름을 읽는 쪽이 좋다. 정보라는 것은 하나의 구슬과 같아서 일정한 맥락 안에서 꿰어지지 않으면 별 소용이 없기 때문이다. 또한 이것저것에 마음을 빼앗겨 지나치게 산만한 검색을 하다 보면 시간이 지나치게 소요되어 업무에 지장이 나고 머릿속이 복잡해지는 만큼, 일정 정도 필요한 내용과 시간을 정해두고 검색하는 것이 좋다.

멘털 트레이닝_mental training

최근의 정보성 기사의 특징은 전달은 쉽지만 금방 사라진다는 데 있다. 필요한 정보를 얻고 맥을 찾았으면 이를 정리해 파일박스에 보관하는 습관을 들이자. 경제든 문화든 정치든, 처음에는 빈약해도 한 가지의 주제에 대해 방대한 자료가 쌓이면 전문성을 얻을 수 있다. 신문을 통독하듯 전체 헤드라인을 훑되 자신이 관심 있는 분야를 집중적으로 검색하는 것도 필요하다.

■ turning point **28**

내 컨디션을 파악하는 시간을 가져라

몸을 지치도록 방치하는 사람은

삶을 아무렇게나 던져두는 것과 같다.

우리의 몸도 기계와 같아서,

휴식이라는 기름을 쳐주지 않으면

제대로 작동하지 않는다.

 우리 몸은 365일 언제나 활기차게 움직일 수 있는 것이 아니다. 아침 시간을 잘 활용하려면 무엇보다도 내 몸의 컨디션을 잘 알아야 한다. 지금 업무에 어느 정도 집중할 수 있는지, 사람을 만나 즐겁게 이야기할 수 있는 상황인지를 체크해 보는 것이다. 사실 몸과 마음 상태가 좋지 않은데 억지로 계획을 고수하는 것 또한 스트레스다. 또한 이럴 때는 몸과 마음을 달래고 무리한 계획은 미루는 지혜 또한 필요하다. 반대로 오늘 에너지가 넘친다면 유동성 있게 미뤄두었던 일들을 해치워 마음을 가볍게 할 필요도 있다.

따라서 아침 시간에 계획을 짜기 전에 나의 상태를 정확하고 섬세하게 살펴보고 그 다음에 하루의 계획을 짜도록 하자. 굳이 오늘 계획을 다 해치우겠다는 강박은 잠시 접어두자. 다만 지금 상태에서 할 수 있는 최선을 하는 것 또한 시간을 관리하는 하나의 방법이라는 점을 기억할 필요가 있다.

멘털 트레이닝_mental training

컨디션이 좋지 않을 때 누군가와 미팅이나 거래를 할 경우 실패할 가능성이 높다는 점을 기억하자. 이럴 때는 오전 업무를 계획하면서 누군가를 만나 협상해야 하는 일은 잠시 뒤로 미루거나 다른 사람에게 부탁하도록 한다. 사람을 만나는 일은 가장 좋은 컨디션일 때 해야 최고의 성과를 거둔다는 점을 기억하자.

■ turning point **29**

미뤄둔 업무부터 해치워라

일은 미뤄둘수록 눈덩이처럼 불어난다.
일이 내 뒤를 쫓도록 하지 않으려면
미뤄둔 일을 재빨리 처리해
마음의 부담을 덜어내야 한다.

　누구나 전날 미뤄놓은 업무에 대한 부담감으로 하루를 시작한 경험이 있을 것이다. 무언가 새로운 업무를 시작하려는데 어제 미뤄둔 업무가 있다면, 그에 대한 부담감 때문에 나머지 업무 시간마저 망쳐버리게 되는 것이다.

　그럴 때는 다소 시간이 걸리더라도 부담이 되는 업무를 가장 먼저 처리하는 것이 좋다. 게다가 대부분은 실제로 그 업무를 해보니 생각보다 빨리 끝났다고 말하곤 한다. 이는 아침에는 업무 집중력이 왕성해 속도 있게 일을 처리할 수 있을 뿐 아니라, 부담감 때문에 그 업무를 실제보다 어렵게 느끼고 있었기 때문이다.

  이는 우리 업무나 생활에서 생각보다 자주 벌어지는 일이다. 만일 미뤄둔 일 때문에 집중하기가 어렵다면 그것부터 해치우자. 그 일을 마무리 짓고 나면 더 상쾌한 기분으로 오후 업무부터 새로이 시작할 수 있다.

멘털 트레이닝_mental training

아침 시간의 업무 효율성은 우리가 상상하는 이상이다. 골치 아프고 어려운 업무를 저녁 늦게 끙끙대고 붙잡고 있는 것보다는 아침에 해치우는 편이 낫다. 어차피 일은 늘 산더미처럼 쌓이는 것이니 부담을 느끼는 대신 최고의 효율적 시간대를 이용해 재빨리 해치우자.

■ turning point **30**

몰입의 기술을 사용하라

몰입은 우리로 하여금

새로운 세상을 보여준다.

그것은 기쁨의 세상이며 성취의 세상이다.

  육체에도 일정한 에너지가 있듯이, 우리가 사용할 수 있는 정신의 에너지도 한계가 있다. 이 에너지를 얼마나 집중적으로 사용하는가에 따라 업무의 효율성도 달라진다. 몰입이란 바로 이 정신의 에너지를 한 곳에 모아서 쓰는 일이다.

  어떤 일에 몰입한다는 것은 일단 선택을 전제로 한다. 즉 여러 일이 있을 때 하나의 일에 집중하겠다는 스스로와의 약속이다. 몰입은 외부의 방해에도 쉽게 깨지지 않으며 오전의 효율성에 덧붙여져 더 큰 시너지를 낸다. 즉 오전 시간을 얼마나 잘 활용하는가는 이

몰입의 기술과도 관련이 있다.

선택과 집중의 힘이 가장 크게 발휘되는 것도 바로 오전 시간이다. 즉 잔 가지는 쳐내고 굵은 가지에만 손과 머리의 에너지를 쏟아 붓는 것이다.

어떤 사안을 마무리하겠다고 정했다면 오전에는 거기에만 몰두하라.

멘털 트레이닝_mental training

이처럼 일에 몰입하는 데에는 일을 취사선택하는 능력 또한 필요하다. 오전 시간에 가장 잘할 수 있는 일을 몇 가지 선별한 뒤에 빠른 시간 안에 결정한 뒤 다른 사안들은 서랍 속에 넣고 잠가야 한다.

4장

인생에서 가장 소중한 휴식 시간

관심이 선물을 가져다준다
돈 안 되는 관심도 선뜻 품기
좋은 소식을 전해주는 사람이 되어라
말하기보다는 듣자
나만의 공간을 확보한다
불길한 일에 대처하기
잠시 잠깐의 틈도 유익하게
자신에게 관대해지기
많은 사람들과 눈을 마주쳐라
인생에서 가장 소중한 것 생각하기

■ turning point **31**

관심이 선물을 가져다준다

휴식은 오로지 혼자서 즐겨야 한다는 생각은

어디까지나 고정관념이다.

학창 시절의 벅적한 소풍을 떠올려보자.

사심 없이 마음을 나누고 놀이를 즐기는 일은

설사 그곳이 직장일지라도 소풍 못지않은 활력소가 된다.

　휴식에도 여러 종류가 있다. 바쁜 오전 업무가 끝나고 나면 모두들 한 고비를 넘긴 듯 긴장이 풀린다. 이때 혼자 잠시 눈을 붙이는 것도 좋지만, 때로는 오전의 긴장감을 적당히 이어가며 서로 북돋을 수 있는 휴식 시간을 가지는 것도 좋다. 점심시간이나 오후 업무 중 휴식은 사실 모든 일을 놓아도 좋을 만큼 길지 않기 때문이다.

　특히 함께 일하는 동료가 많은 사람은 관계에 역점을 둔 휴식이 적합하다. 일과는 상관없는 그러나 마음이 담긴 이야기를 나누거나 서로를 위로하는 것만으로도 활력이 도는 것을 느낄 수 있다. 작은 관심이 하나의 시너지 효과가 되는 것이다. 또 이렇게 관심을 두다 보면, 곧바로는 아니어도 서서히 자신에게도 그 관심이 또 다른 호감으로 돌아온다.

멘털 트레이닝_mental training

'나는 말주변도 없고, 사교적이지도 않아'라고 생각한다면, 동료들과 짧은 틈을 내서 즐길 수 있는 간단한 게임을 해보자. 실제로 유럽에서는 잠시잠깐씩 틈을 내서 체스게임을 즐기며 동료애를 다진다. 그조차도 쑥스럽다면 일단 휴식 시간에 피곤해 보이는 동료에게 자판기 커피 한 잔을 주는 것도 하나의 관심의 표현이다.

■ turning point 32

돈 안 되는 관심도 선뜻 품기

온종일 자신에게 돌아올

이익만 생각하는 사람은

밭 가는 일은 잃어버린 채

좋은 호미를 찾느라 인생을 허비한 농부와 같다.

　관심은 어떤 것이든 풍요롭게 만들어준다. 업무를 하다 보면 내게 이익이 되지 않는 일은 하지 않게 된다. 그것이 사람 관계에 영향을 미쳐, 편해야 할 휴식 시간까지 방해하는 경우가 종종 있다.

　모두에게 휴식이 되어주는 관계는, 일단 일을 벗어나면, 일 외적인 것들을 진심으로 나누는 관계다. 그것은 내가 먼저 하지 않는 이상, 누구도 해주지 않는다.

　돈 안 되는 일, 돈 안 되는 관계, 등등 이기적인 생각만으로는 상대도 그 자신도 결코 편안해질 수 없다. 모든 이익과 관련된 시야를 말끔히 거두고, 휴식 시간만 큰 이익에서 멀어져 보자.

휴식으로 편안해진 몸과 마음은 분명 더 큰 이익을 가져다 줄 것이다.

멘털 트레이닝_mental training

하루 중 짧은 휴식시간 동안에는 일과 관련된 것을 생각지 말자. 거리 두기 자체가 재충전인 셈이다. 또 좋은 직장 분위기를 위해서 나부터 분위기 메이커가 될 수 있도록 솔선수범해 동료들에게 관심을 보이자.

■ turning point **3 3**

좋은 소식을 전해주는 사람이 되어라

슬픔이나 고통을 자주, 그리고 함부로 털어놓지 말라.

그것을 듣는 사람은 당신을

늘 고통스러운 사람이라 생각하게 되며,

상대의 그런 생각은 또다시 당신을

정말 고통스러운 사람으로 만들 것이다.

　전화를 할 때 누군가에게 좋은 소식을 전해주는 사람은 최고의 청량제다. 그런 사람들은 쉽사리 불평하지 않으며, 그런 불평들을 합리적으로 해결할 수 있는 힘을 가지고 있다. 나쁜 생각보다는 좋은 생각을 많이 하고, 나쁜 일을 최대한 만들지 않는 것이다. 그런 사람들의 내면은 쉽사리 흔들리지 않기 때문에 삶 자체가 휴식이다.

　당신은 어떤가? 하루 중에 좋은 일을 더 많이 보고 듣는가, 아니면 불평 불만스러운 일을 더 많이 겪는가? 똑같은 일을 해도 어떤 사람에게는 그것이 평범한 일이지만, 어떤 사람에게는 불만스러운 일일 수 있다. 중요한 것은 눈높이다. 작은 것에 감사하고 그것을 다른 사람들에게 쾌활하게 이야기할 수 있다면, 이미 당신은 당신의 삶 자체를 휴식하는 사람인 것이다.

멘털 트레이닝_mental training

고객이나 동료들에게 연락을 취하거나 말을 걸 때, 최대한 좋은 소식부터 미리 전하려고 노력하자. 상대에게 꺼내는 첫마디가 당신의 첫인상이라는 마음을 가지는 것이다. 물론 나쁜 소식을 전해야 할 때도 있지만, 그럴 때는 최대한 객관적으로 말하되 상대에 대한 배려를 잊지 않으며 대화로 풀어가도록 해야 한다.

■ turning point **34**

말하기보다는 듣자

사람들은 내 이야기를 들어주는

사람을 사랑하고 신뢰한다.

하지만 이를 알면서도 '들어주기'를 지키기는 결코 쉽지 않다.

백 마디 말보다 한 마디 귀 기울여 들을 때,

친구도, 이익도, 지혜도 얻는다.

 사람은 누구나 자신의 이야기를 들어주는 사람을 좋아한다. 특히 누구에게 마음 열기가 쉽지 않은 요즘, 푸념을 마음 놓고 툭 터놓을 수 있는 사람은 어디서나 환영받는다. 언제나 말은 하는 것보다 듣는 것이 이득이다. 이런 저런 자신의 상황을 이야기하는 동안, 상대는 마음이 풀리고 당신에 대한 신뢰를 가지게 되며, 당신은 많은 상황에 대한 대처를 배우게 된다.

 물론 사람은 누구나 자기 이야기를 먼저 하고 싶어 한다. 또 자신도 모르게 직설적인 충고가 툭 튀어나오기도 한다. 즉 들어주는 것에도 많은 연습이 필요하다.

상대에게 가장 편한 상태를 만들어주고 고개를 끄덕여주는 것만으로도 상대에게는 큰 힘이 된다. 충고를 해야 할 상황이라면, 다 듣고 난 뒤에 짧은 말로 마무리하도록 한다. 자칫 지나친 충고는 상대에게 부담이 될 수 있기 때문이다.

멘털 트레이닝_mental training

누군가에게 들은 말에 대한 비밀은 반드시 지키도록 한다. 휴식 시간에는 긴장이 풀어져 자칫 도를 넘는 이야기들도 오간다. 그런 이야기를 듣거나, 누군가의 사적인 이야기를 들었을 때는 그것을 가슴속에 묻어둔다는 생각으로 듣자.

■ turning point **35**

나만의 공간을 확보한다

쉴 곳이 없다고 투덜대는 사람은

발과 눈, 더 나아가 마음이

게으른 사람이다.

우리는 언제나 사회라는 테두리 속에서 살아나간다. 그러다 보니 때로는 자신의 공간이 없이 늘 부딪친다. 어깨를 두드리며 지내는 것도 좋지만, 가끔씩은 나만의 공간이 필요한 때도 있다. 에너지를 다시 채우고 힘을 내려면 조용한 시간도 필요하기 때문이다.

그래서 어떤 사람들은 자신만의 공간을 만든다. 그 공간이라는 곳이 딱 정해진 것은 아니다. 창조적 영감을 주는 곳이면 어디라도 괜찮다. 어떤 이들은 서점에 가서 책을 둘러보기도 하고, 어떤 사람은 가끔씩 편안한 카페에서 홀로 점심을 먹기도 한다. 그도 아니라면 회사 옥상이나 휴게실의 정해진 자리도 좋다. 그저 내 마음이 편하고, 조용히 생각에 젖을 수 있는 공간이면 된다.

나만의 공간 찾기, 주변을 둘러보면 한두 군데쯤은 반드시 있다. 여유가 있는 사람은 그 자리를 얼마든지 찾아낸다. 오늘 바로 시작해보자.

멘털 트레이닝_mental training

어떤 이는 휴식을 취할 때조차 너무 많은 준비를 한다. 이를테면 주변을 청소하고, 모든 분주한 것들을 치우고, 전화기를 꺼놓고 등등 준비만 하다가 지친다. 가끔 휴식은 아무것도 하지 않는 상태를 말한다. 쉬기 위해 무언가를 준비하는 것은, 절약을 하겠다고 비싼 가계부를 사는 것과 다를 바 없다.

■ turning point **36**

불길한 일에 대처하기

우리가 걱정하는 일의 90%는

실제로 일어나지 않으며,

나머지 10%도 대개는 **침착하기만** 하면

막을 수 있는 것들이다.

 일하는 데도 기술이 필요하지만 휴식에도 기술이 필요하다.

 현대인의 마음은 늘 불안으로 가득 차 있다. 지나친 속도감 때문에 하루하루의 계획은커녕 당장 눈앞에 닥친 일들을 해내기에도 벅차다. 휴식 시간을 잘 보내는 사람이 드문 것도 바로 이런 불안감 때문이다. 일과 휴식의 경계가 불분명하면, 제때 일하고 제때 쉬기 힘들어진다.

 불안감을 이겨내는 것 또한 성장이다. 무언가 해명할 수 없는 불안이 닥친다면 곰곰이 그 불안의 원인이 어디서 오는지를 짚어볼 필요가 있다. 대범하게 그 불안감을 떨쳐버리고 휴식에 몰두할 수 있도록 노력하자. 또 무언가 불안감을 일으키는 구체적인 문제들, 이를테면 마무리 짓지 않은 서류, 지나버린 카드 결재일 등이 마음에 걸릴 경우, 그 불안의 원인에 재빠르게 대처해 불안이 오래가지 않도록 하자.

멘털 트레이닝_mental training

너무 많은 생각 때문에 머리가 복잡하다면, 아무 생각도 하지 않는 무념을 연습해보자. 그것만으로도 부족하다면 짧은 휴식 시간에 불안감을 극복할 수 있는 호흡법 등 다양한 테라피를 시도해보자.

■ turning point 37

잠시 잠깐의 틈도 유익하게

돈은 순식간에

물거품이 될 수도 있지만

우리 인생에 진정으로

도움 되는 것들은 쉽게 사라지지 않는다.

 많은 이들이 유익하다는 뜻에 많은 오해를 한다. 말 그대로 '이익이 되는 것'이라고 생각해버리기 십상이다. 하지만 실제 뜻은 딴판이다. 진정한 유익이란, 눈앞의 작은 이익이 아닌, 내 삶 전반에 도움을 주는 것을 말한다.

 많은 이들이 휴식 시간에 인터넷 정보를 검색하거나 증권공부를 한다. 그것이 나쁘다는 것이 아니다. 다만 지금 하고 있는 '유익한' 일들에 대해 얼마나 장기적인 '비전'을 가지고 있는가를 생각해야 한다.

 가끔씩 우리는 쫓기듯 휴식 시간에 무언가를 하려 한

다. 하지만 저돌적으로 시간을 소모하기보다는 업무의 가벼운 중간 점검이나 긴장을 푸는 체조를 하는 쪽이 더 큰 도움이 된다. 또한 탐식하듯 읽는 책보다는, 동기를 부여할 수 있는 한 구절을 읽고 그에 대해 깊이 생각해보는 것이 더 나을 수 있다.

멘털 트레이닝_mental training

휴식 시간을 이용한 공부나 일은, 일반 업무의 연장선상이어서는 안 된다. 이때는 자기계발 서적이나 테이프 등, 미래에 대한 비전을 세우는 데 도움이 되는 것들을 택하자. 단락이 잘 구분되어 있어 나누어 공부해도 맥이 끊기지 않는 것들이 좋다.

■ turning point **38**

자신에게 관대해지기

반드시 자신에게 혹독해야만 성공하는 것은 아니다.

잘잘못을 치밀하게 따지는 세상에서는

오히려 자신을 잘 용서하는 편이

모든 면에서 건강해지는 길이다.

더 능력 있고 인정받는 사람이 되고 싶은 것은 누구나 가지는 본능이다. 그래서 가끔 우리는 스스로에게 혹독해진다. 물론 자기관리가 철저하면 단점보다는 장점이 더 많다. 휴식 시간만큼은 그 자신과 솔직하게 소통하는 시간을 가져보자. '내가 꿈꾸는 나의 모습'이 아니라, 있는 그대로의 자신을 들여다보자.

상사에게 호통이 나거나 클라이언트를 놓쳤을 때, "그래, 아직은 부족하니까. 하지만 앞으로는 얼마든지 나아질 수 있어. 나한테는 남들이 갖지 못한 다른 장점들이 있잖아."라고 스스로를 도닥이자. 실제로 지치고 어려울 때는 질책보다는 위로가 큰 힘이 된다.

위로는 꼭 남에게만 할 수 있는 것이 아니다. 스스로에게 하는 위로도, 타인에게 듣는 위로만큼 도움이 될 때가 있다.

멘털 트레이닝_mental training

자신에 대한 위로는 꼭 마음속 다짐만으로 하는 것이 아니다. 주눅이 들거나 어려움을 느낄 때, 자기 자신에게 작은 선물을 하는 것도 큰 도움이 된다. 평소 사고 싶었던 물건이나, 하고 싶었던 일들을 목록에 적어놓고, 어려움을 극복했을 때, 또는 어려움을 견뎌나가야 할 시기 쯤에 하나씩 분배해보자.

■ turning point 39

많은 사람들과 눈을 마주쳐라

눈은 주변의 방해 없이

마음을 말없이 전달할 수 있는,

가장 투명한 통로다.

평소에는 잘 몰랐던 사람이나 업무로만 만난 사람들과 가장 쉽게 친해지는 방법은, 자주 눈을 마주치고 자주 미소를 지어보이는 것이다.

잠시 하던 일을 접고 커피를 한 잔 하러 휴게실을 찾았다고 치자. 잠시지만 누구와도 얘기하고 싶지 않고, 머리를 식히고 싶다. 하지만 그런 상황에서도, 나보다 먼저 와 있는 사람에게 눈인사 한 번 하는 것쯤은 어렵지 않다. 그럴 때 상대도 나와 눈을 마주치고, 다음번에 다시 만나게 되면 자신도 모르게 반가워할 것이다. 또 많은 말을 하지 않아도 서로의 처지를 이해하고 서로 조용한 휴식을 보낼 수 있도록 배려할 것이다.

휴식은 어떤 의미에서는 다른 것이 아니라, 스스로를 기분 좋게 만드는 것이다.

또 가장 기분 좋은 일은 언제나 사람 속에서 이루어진다는 점만 기억하면, 휴식 시간을 즐겁게 보내는 일도 어렵게 여겨지지 않을 것이다.

멘털 트레이닝_mental training

휴식 시간은, 최대한 즐긴다는 마음으로 즐겁게 임하는 것이 중요하다. 휴식 시간에조차 얼굴을 찌푸리고 있는 사람이 제대로 휴식을 취할 리 만무하다. 각자의 자리에 맞는 옷차림이 있듯이, 휴식 시간에는 그에 어울리는 마음가짐이 필요하다.

■ turning point 40

인생에서 가장 소중한 것 생각하기

소중한 사람, 소중한 관계, 소중한 추억은

때로 기쁨 아닌 슬픔을 안겨준다.

하지만 그 슬픔조차 살아가는 힘이다.

소중한 것을, 진심으로 소중하게 여겨야 하는 이유도 그 때문이다.

 거리두기는 객관적인 시선을 유지할 수 있는 가장 좋은 방법이다. 그리고 휴식은 업무와 거리를 두고 자신을 돌아보는 시간이다. 내 인생 방향을 돌이켜보고 조금씩 궤도를 수정하는 일이다.

 눈을 감는 순간, 누구도 '아, 일을 좀더 할 것을, 돈을 좀더 벌 것을' 하고 후회하지는 않는다. 그저 사랑하는 사람들과 더 많은 시간을 보내지 못했다는 것, 평소에는 깨닫지 못한 소중함을 느끼는 사람이 더 많다.

 현대사회의 속도감에 젖다 보면 자칫 가장 중요한 것이 무엇인지를 잊게 된다. 어쩌면 당신은 그것을 이미

가졌을 수도 있고, 알고 보니 거창한 것을 원하는 것이 아닐 수도 있다. 다만 어떤 불안감과 속도에 쫓겨 막무가내로 달리고 있는지도 모른다. 최근 슬로우푸드가 유행이다. 천천히 만들고, 천천히 먹고 마시며, 음식 자체의 영양과 맛을 충분히 즐기는 것이다. 삶도 마찬가지다.

멘털 트레이닝_mental training

내 인생에서 소중한 것들을 직접 손으로 적어보자. 가장 소중한 것들부터 적어 내려가자. 많아도 나쁘지 않지만, 핵심적인 5가지 정도를 적어 지갑이나 다이어리 속에 항상 보관하면서 눈으로 읽고 입으로 말하자.

5장

성공하는 사람의 오후 시간

몸의 긴장을 풀자
고마운 일들을 생각하기
몸과 마음이 호소하는 소리에
귀를 기울이자
믿음이라는 힘을 이용하기
실수는 지혜로 가는 문이다
원인과 결과를 생각하라
하루에 한 마디씩 교훈을 기억하라
마감 날짜를 늘 기억하라
스스로에게 엄격해져라
남길 것과 버릴 것을 고민하라
낙서를 즐겨라
주변 동료들을 도닥여라
장점과 한계점을 고민하라

■ turning point **41**

몸의 긴장을 풀자

현대병의 대다수는

긴장과 스트레스에서 비롯된다.

이 긴장을 다스리는 법 하나만 잘 알아도

쉽게 쓰러질 이유가 없다.

 몸이 굳으면 머리도 함께 굳는다. 폭주 기관차처럼 달리는 육체에서는 맑은 정신이 나오기 힘들다. 기차도 중간 중간 역에서 쉬어주듯이 우리의 몸 역시 배려가 필요하다.

 특히 점심시간이 지난 오후쯤 되면 몸이 나른해지거나 과중한 업무에 치여 오히려 긴장되기도 한다. 이때 육체적 긴장을 푸는 것은 이후 업무에도 지대한 영향을 미친다. 지나치게 피로하거나, 또는 지나치게 긴장되어 있는 모습으로 고객이나 동료들을 만난다면, 결코 편안한 느낌을 줄 수 없을 것이다.

여기서 중요한 것은 각자에게 맞는 긴장해소법을 찾는 것이다. 하루 15분 체조가 잘 맞는 사람은 옥상이든 휴게실에서든 몸을 움직여보자. 또 음악을 듣는 것이 도움이 된다면 잠시 음악 감상을 해도 좋다.

멘털 트레이닝_mental training

긴장해소를 할 수 있는 체조를 해보자. 체조라는 것은 본래 정해진 매뉴얼이 있는 게 아니다. 자기가 움직이고 싶은 대로 움직이면 된다. 즉 내키는 대로 움직이되, 약간 땀이 날 만큼으로 실행하는 것이 좋다.

turning point **42**

고마운 일들을 생각하기

고마움은 가장 부드러운 애정을 불러일으킨다.
그래서 고마움의 감정은 늘 쉴 곳이고 안식처다.

사회생활이란 인간관계의 총 집합이다. 그 관계의 중심은 신뢰다. 그 신뢰의 중심을 들여다보면, 이익보다는 감사하는 마음이 클 때 그 관계가 더 단단히 맺어진다는 것을 알 수 있다.

즉 고마운 사람에게는 자연스레 성의껏 대하게 되고, 그 사이에 신뢰가 싹트고, 그것이 관계에 대한 애정과 믿음을 불러일으켜 활기찬 긍정적인 마음가짐을 완성시켜주는 것이다.

짜증이 나거나 피로에 지칠 때, 타인에게 고마웠던 일을 생각하는 것만으로도 불화를 막을 수 있다. '그땐

그랬었지, 그래, 이 정도로 많이 주었는데 나도 열심히 해봐야지' 하는 생각이 자칫 터지기 쉬운 불만을 잠재우고 새로이 일어설 수 있는 힘이 된다.

멘털 트레이닝_mental training

모든 마인드컨트롤은 의식적인 노력이 필요하다. 마구잡이로 흐르는 생각의 흐름을 끊고 그곳에 의도적으로 개입하는 것이다. 화가 날 때는 일단 심호흡을 하고, 잠시 시간을 가지자. 마음이 가라앉으면 하고 싶고, 의도한 생각들을 하도록 하자. 좋은 추억이 깃들어 있는 물건들을 소지하는 것도 좋은 방법이다. 마인드컨트롤이 쉽지 않다면, 전문가의 도움을 받는 것 또한 큰 도움이 된다.

■ turning point 43

몸과 마음이 호소하는 소리에
귀를 기울이자

칼을 만드는 장인이

부드러운 비단 천을 짤 수는 없는 노릇이다.

안 되는 것을 무작정 되게 해야 성공하던 시대는 지났다.

이제는 될 것과 안 될 것을 식별하고

가능성 높은 곳에 투자하는 안목이 필요한 시대다.

하루 중에 자신에 대해 생각하는 시간은 과연 얼마나 될까? 인간은 사회생활 속에서 자신의 능력과 존재감을 확인한다. 하지만 이것이 자아의 무게와 균형을 맞추지 않을 때, 자칫 패닉 상태에 빠지기 쉽다. 즉 이 모든 일을 하는 것은 어디까지나 '그 자신'이며, 우리의 몸과 마음은 하나의 신호다. 지나친 과로를 하게 되면 감기나 질병이 온다. 자신의 목소리에 귀를 기울일 수 있는 것은 자신뿐이다. 타인의 말에 귀 기울여 듣듯이 내 목소리에 귀를 기울이는 일도 절대적으로 필요하다.

일이 어느 정도 정리된 오후 시간대에는 최소 10분

이상 자신의 건강과 심리 상태를 점검해보자. 객관적인 현상으로 나타난 것들을 정리하면 된다. 이렇게 자신의 문제나 상황을 간단하게 적어놓고, 그 해결점 또한 객관적으로 모색해보자.

멘털 트레이닝_mental training

몸과 마음에 이상 신호가 나타났다고 생각될 때는, 최대한 스트레스를 줄일 수 있는 방법을 고안하자. 그것이 업무와 관련된 것이라면, 솔직하게 양해를 구하도록 노력하라. 솔직하고 진실된 마음 앞에 "NO"라고 답할 사람은 많지 않다. 무엇보다도 '아무리 스트레스가 있어도 그날 하루치 일은 어떻게든 해야 한다'는 사고방식부터 바꿔보자.

■ turning point 44

믿음이라는 힘을 이용하기

"이미 주사위는 던져졌다!"
그 다음 남은 것은 행동 뿐.
확신은 심사숙고하게,
실천은 신속하게 진행하라.

 동기 부여가 잘된 사람은 그렇지 않은 사람과 비할 때, 일을 해내는 속도와 질이 탁월하다고 한다.

 '길을 아는 것과, 그 길을 걷는 것은 다르다'는 말이 있다. 인간의 가슴에는 모두 어느 정도 확신과 믿음이 자리 잡고 있다. 다만 그 확신과 믿음의 힘을 얼마나 실제적으로 이용하는가가 그 사람의 운명을 결정한다. 믿음이 확고해지면 확고해질수록 그 사람의 마음속에 '비전'을 만들어낸다. 즉 노력의 과정과 결과가 눈앞에 그려지는 것이다. 또 그처럼 목표가 명확해질수록 그를 향한 노력들도 명확하고 힘차진다.

인간의 역사를 지배한 리더들은 바로 이 확신과 믿음의 연금술사들이었다. 그들은 불가능 속에서도 가능을 보았고, 그 가능을 믿었다. 또 그 가능성을 위해 전진했다. 무언가 일이 잘 안 풀린다는 생각이 들 때, 내 안에 있는 확신의 크기를 가늠해보자.

멘털 트레이닝_mental training

오후 시간대에 집중이 잘 되지 않을 때는 간단한 동기 부여 테이프를 들어보자. 10분이라도 좋다. 여기서 중요한 것은 짧고 내 마음에 와 닿는 내용을 골라 여러 번 반복해서 듣는 것이다. 또 그렇게 들은 내용은 짧게나마 노트를 해서, '내 확신'으로 만들어내자.

■ turning point **4 5**

실수는 지혜로 가는 문이다

우리는 무릎을 몇 번 다쳐보고 나서야

길을 걸을 때 돌부리를

조심해야 한다는 것을 안다.

그런 의미에서 무릎의 상처는

어리석은 흔적이 아닌 하나의 교훈이다.

이 세상의 모든 존재들은 실수를 통해 깨닫는다.

  사회생활을 하다 보면 완벽을 추구하게 된다. 남들에게 단점을 보이는 것도 극도로 두려워진다. 그것이 흠집으로 남을 수 있기 때문이다. 그래서 자신의 실수 또한 쉽게 용납하지 못하게 된다.

  그러나 어떤 인간도 처음부터 완벽할 수는 없다. 인간은 자신에게 주어진 고통스러운 과정을 거쳐야만 자신이 꿈꾸는 인간상으로 발전할 수 있다. 즉 바꿔 생각하면, 실수는 오히려 지혜로 가는 하나의 과정이자 통로다.

  실수가 두려워 아무것도 시도하지 못한다면 이는 주

객이 전도된 것과 다름없다.

쉽게 인간관계를 생각해보자. 어린 시절에는 제멋대로 굴던 아이들이 점차 자라면서 많은 실수 속에서 인간적인 예의와 타인에 대한 배려를 배운다. 즉 나이 든 사람들이 보여주는 넉넉한 지혜 역시, 많은 시간과 많은 실수 속에서 얻어졌다는 점을 기억하자.

멘털 트레이닝_mental training

업무에서 실수가 일어났다면, 일단 그 실수를 인정하라. 무조건 핑계를 대거나 남 탓을 하는 것은 오히려 역효과를 낸다. 자신의 실수와 대면할 수 있는 용기 있는 자만이 발전할 수 있다. 그렇게 실수를 차분히 인정하고 나면, 다시는 같은 실수를 반복하지 않도록 잘못을 분석하고 교정해 나가자.

■ turning point 46

원인과 결과를 생각하라

원인 없는 결과는 결코 존재하지 않는다.
중요한 것은 이를 어떤 상황에서든
일평생 잊지 않는 것이다.

 뿌리 없는 나무는 없으며, 장작 없이는 불이 탈 수 없다. 이는 우주를 지배하는 하나의 자연스러운 원리며, 인간의 삶에도 똑같이 적용된다.

 바로 문제 해결의 핵심 키워드인 '원인'과 '결과'를 알고자 노력하는 것이다. 즉 무턱대고 고민하거나 절망하기 전에, 그 근본을 꼼꼼히 따져보는 일이다. 물론 한 번에 그 원인을 분석하고 수정해 나가기는 쉽지 않다. 거기에는 상당한 노력과 집중이 필요하다.

 원인과 결과를 파악하기 위해서는, 현재에만 머물 것이 아니라 그 현상에서 한 발자국 물러나 최초의 시작점에 포커스를 맞춰라. 그렇게 해서 발견된 문제의 원인은 미루지 말고 곧바로 수정한다. 혼자 해결하기 힘들 때는 주변 동료들과 함께 문제를 나누고 조언을 듣는 것도 큰 도움이 된다.

멘털 트레이닝_mental training

속도감 있는 오전 업무가 끝난 느지막한 오후 때는, 하루 업무의 점검 시간을 가져보자. 오전 시간과 이른 오후에 진행한 업무들을, 최소 퇴근 전에는 반드시 살펴보고 그 성과를 확인하자. 왜냐하면 사람이 하는 일에는 언제나 잘못이 발견된다. 이럴 때 문제 발견이 다음날로 미뤄지면, 그 문제의 해결 또한 늦어지게 된다.

■ turning point **47**

하루에 한 마디씩 교훈을 기억하라

세상은 배울 것 투성이다.

그런데 그 교훈들은 일면 고집스러워서

오만한 사람에게는 결코 제 모습을 보여주지 않는다.

　우리는 매일같이 적어도 하나씩 깨닫는 바를 얻는다. 물건을 살 때도, 누군가와 만나서 이야기를 할 때도, 아니면 홀로 생각에 잠겨 있을 때도, 어떤 작은 깨달음이 우리 머릿속을 스치고 지나간다.

　문제는 대다수가 이런 깨달음을 그저 한 번 생각하고 흘려버리고 만다는 점이다. 자신의 하루 속에서 교훈을 얻어내는 것이 습관이 되어 있는 사람은, 업무적인 실수나 성공과는 관련 없이 매일 매일을 성공적으로 살고 있는 사람이다. 우리는 성공 속에서도 교훈을 얻고, 실수 속에서도 배울 점을 얻는다. 중요한 것은 겪은 것들 속에서 어떻게 교훈을 찾고 그것을 마음속에 담는가이다.

무슨 일을 하든 얻고자 하는 마음으로 다가서면 그만큼 많은 것을 깨닫게 된다. 즉 교훈을 얻기 위해서는 적극성이 필요하다.

멘털 트레이닝_mental training

스스로 교훈을 만들어내는 것이 쉽지 않다면, 나를 바꿔줄 교훈들을 찾아 하나씩 실행해보는 것도 좋다. 짧은 교훈 한 줄에 담긴 생각들을 숙고해본 뒤, 이를 추상적으로 인식하는 대신 구체적이고 세세한 행동 방침으로 만들어 실행한다.

turning point **48**

마감 날짜를 늘 기억하라

마무리가 강한 사람이 진정 강한 사람이다.
그런 이들은 시작은 조용히 하되,
끝 무렵에서 자신의 모든 것을 쏟아
갈채를 이끌어낸다.

 일은 시작보다 마무리가 중요하다. 예를 들어 아무리 큰 대기업도 서비스 시간을 맞추지 못하거나, 약속을 지키지 않는다면 외면당하게 될 것이다. 특히 고객을 상대하는 업무에서는 고객과의 마감 날짜를 늘 기억하고 균형 있게 계획을 짜는 것이 중요하다.

 또 그렇지 않은 업무도 계획 있게 진행해야 한다. 심지어 우리의 한 인생도 마감 날짜가 정해진 것이다. 때문에 우리는 각각의 나이대마다 계획을 짜고 그에 맞추기 위해 노력해야 한다. 다시 말해, 마감 날짜가 없는 일이란 애초부터 존재하지 않는다는 뜻이다.

어떤 일이든 시작할 때는 그 마지막 순간을 고려하고 계획하라. 일을 어떻게 시작할까에 앞서 어떻게 마무리 지을까를 미리 생각하면 과정에서 오는 실수를 줄일 수 있을 뿐만 아니라, 의뢰자로부터도 더 큰 믿음을 얻을 수 있다.

멘털 트레이닝_mental training

모든 일은 예상보다 많은 시간이 든다. 중간에 예기치 않은 변수가 생길 수 있기 때문이다. 즉 일의 마감 시간은 10% 내지 20%를 길게 잡아야 무리 없이 일을 진행할 수 있다. 돈을 더 버는 것도 중요하지만, 깔끔하게 일해 신뢰를 잃지 않는 것이 더 중요하다는 사실을 기억하자.

■ turning point 4 9

스스로에게 엄격해져라

스스로와는 자주 따뜻하게

악수를 할 필요가 없다.

그저 "넌 스스로에게 부끄럽지 않게 잘하고 있어."

하는 확신 어린 끄덕임이면 족하다.

  타협은 때로는 좋은 방안이 된다. 하지만 자신과의 약속에서 타협은 독이 될 때가 많다. 특히 업무를 마치고 난 뒤에는 자연스레 몸의 긴장이 풀린다.

  자신에게 엄격하다는 것은 혹독하다는 것과는 다른 뜻이다. 혹독하다는 것은 계획 자체에 매달리는 것이다. 하지만 엄격함은 자신을 강하게 독려하는 것이다. 엄격은, 계획 자체를 모두 지키라고 요구하지 않는다. 다만 계획을 실행하지 못했음을 합리화하고 두둔하는 일을 막는 것뿐이다.

  타협은 자칫 자기 합리화가 되기 쉽다. '이 정도쯤이

야', '오늘쯤이야' 하고 생각하는 순간, 그 계획은 무용지물이 된다. 여기서 문제는, 그렇게 타협을 하고 나면 모든 계획을 처음부터 다시 시작해야 한다는 사실이다. 다시 말해 지금까지의 노력이 물거품이 되고, 시간만 낭비하게 된다.

멘털 트레이닝_mental training

자신을 존중하는 사람은 스스로에 대한 약속 역시 어기지 않는다. 즉 자신과의 약속을 지키기 위한 가장 큰 원동력은 바로 '자존심'이다. 약속을 어기는 것은 자신의 자존심을 저버리는 일이라는 점을 기억하고, 스스로 자존심 있는 사람이 되도록 노력하라.

■ turning point 50

남길 것과 버릴 것을 고민하라

버릴 것을 잘 아는 사람은

무엇을 얻어야 할지도 잘 아는 경우가 많다.

능력도 주머니와 다르지 않아서

비워야 새로 채울 수 있다.

 어떻게 보면 하루에는 태양이 두 번 뜬다. 오전 업무가 끝나고 점심을 먹고 나면 또다시 새로운 오후 업무가 시작되기 때문이다. 이럴 때 책상 위에 너저분하게 널린 파일들과 업무들을 보면 머리만 복잡해진다. 이럴 때는 그 상태로 곧바로 일에 덤벼들기보다는 10분 동안 업무들을 살펴보면서 무엇을 버리고 무엇을 남길지를 고민해보자.

 실제로 일을 잘하는 사람은 정기적으로 자신의 일에서 버릴 것을 찾는다. 그들은 항상 휴지통은 넘치지만 책상 위는 깨끗하고 정돈이 잘 되어 있다. 그들은 닥치거나 주어진 일이라고 해서 모두가 가치 있는 일은 아니라는 점을 잘 알고 있다. 그래서 자신이 집중했을 때 가장 크게 능력을 발휘할 수 있는 일을 선택해서 한다. 그리고 이렇게 해서 몸집을 줄이고 나면 오후 업무도 가뿐한 마음으로 효율적으로 시작할 수 있다. 이것이 바로 오후에 떠오르는 두 번째 태양이다.

멘털 트레이닝_mental training

일을 잘하는 사람은 굳이 내가 하지 않아도 되는 일은 과감히 버릴 줄 안다. 내가 아니라도 누군가가 더 잘할 수 있는 일, 중복될 가능성이 있는 일 등은 일단 미뤄두자. 그리고 지루한 오후를 타이트하게 붙잡아 줄 재미 있는 업무를 택하자.

turning point 51

낙서를 즐겨라

낙서는 우리 무의식의 발현이다.
그것은 숨어 있던
내 안의 어린아이,
즉 창조성의 깨어남이다.

　대부분은 낙서를 어린아이들의 전유물이라고 생각한다. 그러나 곳곳에 화장실이나 심지어 담벼락들을 보자. 저 먼 나라 미국의 뉴욕은 지하철 담벼락의 낙서가 하나의 예술행위로까지 여겨지고 있다. 그만큼 낙서는 비단 어린아이들뿐만 아닌 인간 자체와 가까운 행동이며, 이 낙서를 통해 인간도 한껏 자유로워진다. 그것은 곧 마음속에 숨어 있던 어린아이와 창조성이 깨어난다는 뜻이기도 하다.

　점심시간이나 그 이후 10분은 이 같은 낙서로 오전 시간의 긴장을 풀고 생각을 정리할 수 있는 좋은 시간이다. 오후 업무에 들어가기 전에 간단하게 머릿속에 드는 생각과 스트레스 등을 낙서로 한번 풀어보도록 하자. 굳이 낙서장을 정해놓고 해야 하는 것은 아니지만 이렇게 낙서를 하는 동안 좋은 아이디어를 건질 수도 있으니 잘 쓰지 않는 공책 등 낙서장을 정해놓는 쪽이 좋을 것이다.

멘털 트레이닝_mental training

낙서의 형식은 딱히 정해놓지 않아도 된다. 글자로 쓸 수도 있고 그림을 그릴 수도 있다. 색연필을 써도 좋고 연필도 좋다. 마음 가는 대로 그리고 쓰되 종이가 너무 좁으면 답답하고 너무 크면 부담이 가니 자신에게 맞는 크기 낙서장을 잘 고르는 것도 중요하다.

■ turning point **5 2**

주변 동료들을 도닥여라

절망에 빠지는 속도는 사람마다 비슷하다.

하지만 거기서 빠져나오는 속도는

사람마다 다르다.

이것이 그 사람의 그릇을 결정한다.

리더는 가장 늦게 절망하고, 가장 먼저 그 절망에서 빠져나온다. 즉 절망을 견뎌내는 힘이 월등히 크다. 그것은 많은 경험 속에서 얻은 지혜와 수없이 단련된 심장에서 나오는 힘이다.

흔히 배포는 타고난다고 한다. 그러나 사람의 성격은 많은 부분이 후천적이다. 어떤 일을 어떻게 헤쳐 나갔는가, 어떤 사람들과 함께 했는가가 그 사람의 개인적 성격을 만들어간다.

팀 업무를 하다 보면 가끔 팀 전체의 사기가 떨어질 때가 있다. 그것이 아침부터 계속 이어지다가 오후 업무가 시작될 무렵에는 절정에 달한다. 또 하루 이틀 만에 해결될 문제가 아니라면 더욱 더 절망스러워진다.

이럴 때 가장 먼저 그 절망에서 헤쳐 나오는 사람이 되어라. 더뎌진 업무를 먼저 시작하고, 주변 동료들을 독려하자. 오후 업무를 마치 새로 시작하는 아침 업무처럼 열정적으로 진행하는 것만으로도, 팀의 떨어진 사기를 상당히 회복시킬 수 있다. 그 선두에 바로 당신이 서라.

멘털 트레이닝_mental training

불평이 아무리 가득한들, 가능한 한 불평에 동조하지 말라. 그저 고개를 끄덕이는 정도로 충분하다. 불평은 많이 말할수록 그 자신과 팀의 사기를 떨어뜨린다. 좋은 리더가 되려면 가능한 한 현재 상황을 감정적으로 보는 것을 피할 필요가 있다.

■ turning point **5 3**

장점과 한계점을 고민하라

누구나 장점과 단점을 함께 가진다.

그것은 개개인마다 다르므로

그 크고 작음을 잴 수 없다.

중요한 것은 스스로 자신의 장단점을

얼마나 잘 알고 있는가다.

사람은 시시각각 바뀐다. 특히 나이가 들거나 환경이 바뀌면서 업무와 능력, 건강 상태도 꾸준히 달라지게 마련이다. 이럴 때 우리는 일종의 착각 상태에 빠지게 된다. 실력이 더 나아졌음에도 아직 나는 부족하다고 생각하거나, 업무 능력도 건강도 기울었는데 나는 예전과 달라지지 않았다고 생각한다. 인간이란 본래 타성에 쉽게 젖어들고 그것을 고수하려는 경향이 있기 때문이다.

그러나 인간은 언제나 변한다. 그것은 성격, 체력, 지력에서도 마찬가지다. 이럴 때 자신의 장점과 한계점을 잘 알고 능력치에 맞는 계획을 짜려면, 수시로 현재 상태를 잘 체크해 보는 일이 필요하다. 매일 매일은 아니더라도 주 단위나 월 단위로 자신의 능력을 체크해 보면 여러모로 자신이 달라져 있다는 점을 발견할 수 있고, 더불어 그를 통해 성취감이나 수정 사항을 얻게 될 수 있다. 또한 이 작업은 오전과 오후 업무를 전력을 다해 마치고 난 직후 점검해보면 통계적으로 산출하기가 쉬워진다.

멘털 트레이닝_mental training

자기 자신을 잘 아는 것은 시간 관리에 있어서도 절대적으로 필요하다. 척도로 잴 수 있는 자신의 특정 성향 등을 주기적으로 수치화해서 체크해 보면, 자신의 능력 상황을 잘 알 수 있다. 예를 들어 업무 지속 시간, 시간 대비 업무량, 감정 상태, 체력 상태 등 구체적인 체크 리스트를 1-10점까지 나누어 각각 체크해 보도록 하자.

6장

퇴근 후 여가 시간을 활용하라

여가활동을 통해 '자신'을 확인하기

인맥을 확보하라

하루를 정리해보기

내일 계획을 세워라

중독성 강한 여가는 피하라

두뇌의 감성을 자극하라

퇴근길에서 좋은 산책로를 찾아라

저녁 시간을 이용해 전문적인

공부에 도전하라

남은 한 시간도 소중히 이용하라

자신에게 질문하라

■ turning point 54

여가활동을 통해 '자신'을 확인하기

여가는 본질적으로

삶을 즐길 줄 아는 기쁨에서 시작된다.

아무리 보잘것없는 여가라도 기쁨을 준다면,

그것은 그 자체로 생의 에너지다.

 현대사회에는 그야말로 가벼운 운동이나 취미생활부터, 개인적으로 할 수 있는 일들 또한 그 종류가 다양하다. 어느 정도의 시간과 경제적 여유만 있다면 얼마든지 여가활동을 즐길 수 있는 것이다.

 그러나 많은 활동 중에 과연 무엇을 선택하는가가 문제로 남는다. 그 선택의 기준 중에 가장 중요한 것은 '그것이 자신에게 도움이 된다'는 확신이다.

 회사 밖의 나를 온전히 보여줄 수 있고, 스스로의 자신감을 찾을 수 있는 일이라면 그 어떤 활동이면 어떻겠는가? 이 여가의 주인은 바로 '나'라는 생각으로 스스로의 존재감을 느낄 수 있는 일이라면, 어떤 것이라도 좋다. 굳이 멋지거나 유익하지 않아도, 심지어 흙을 파고 꽃을 심는 일이라도 그 자신에게 좋으면 좋은 것이다.

멘털 트레이닝_mental training

왠지 회사나 일이 끝나면 무언가 여가활동을 해야 할 것 같은 압박을 느껴, 무턱대고 시작하는 이들이 있다. 그런 여가활동은 큰 의미가 없으며 지속되기도 힘들다. 여가활동 선별은 자신이 무엇을 좋아하는지 어떤 것에 소질이 있는지 등을 차분히 헤아려본 뒤에 해도 늦지 않다. 자신에게 주는 하나의 선물인 만큼 소중히 고르라는 의미다.

■ turning point **55**

인맥을 확보하라

관계도 하나의 기술이다.

다만 그것은 진심이 담긴 기술이어야 한다.

조금이라도 거짓이 보이면

그 관계는 다시 독이 되어 돌아온다.

 현대사회는 인맥 사회다. 사회는 하나의 유기체고, 특히 서구에 비해 공동체 중심으로 생활하는 한국 사회는 인맥의 영향을 무시할 수 없다. 인맥은 사회생활의 기반을 닦는 주춧돌이 되기 때문이다. 따라서 인맥이 탄탄하게 쌓여 있는 사람은 위험을 만나도 이를 헤쳐 나갈 수 있는 기회를 얻게 된다. 업무적인 만남은 물론, 동호회나 친구 관계, 모두가 인맥이다. 이른바 저녁 시간은 인맥을 만들 수 있는 황금 시간대인 셈이다.

 본래 사람 만나기를 즐기는 사람이라면 인맥을 쌓는 일도 어렵지 않다. 또 낯가림이 있다면, 최대한 편하게 만날 수 있는 사람부터 인맥으로 활용하자. 가장 쉽게는 같은 분야에서 일하는 친구나 상사부터 시작해도 늦지 않다. 사람을 만나는 것도 기술임을 인식하고 꾸준히 노력하다 보면 인맥구축 노하우를 배우게 된다.

멘털 트레이닝_mental training

약속은 늘 하루나 이틀 전날 잡도록 한다. 갑자기 잡은 약속은 서로 준비가 되어 있지 않아, 내용 없이 흘러갈 가능성이 높기 때문이다. 어쩔 수 없이 당일 날 약속을 잡았다면, 설사 그것이 일상적인 술자리라 할지라도 퇴근 전에 그 만남에 대해 최대한 준비를 하도록 한다. 인맥은 준비된 자에게만 생긴다는 점을 잊지 말자.

■ turning point **56**

하루를 정리해보기

다빈치와 에디슨의 수첩과 일기장은

그들이 죽고 난 후,

경매에 올라 무려 수백 억 원에 팔렸다.

메모와 일기를 소홀히 여기지 말라.

　오늘 지나온 시간들을 차분히 정리해보는 것은 다음 날에 큰 도움이 된다. 하나를 완결하고 새로 시작하는 기분을 안겨주기 때문이다.

　하루를 정리하기에 제일 좋은 시간은 집에 들어와 저녁을 먹고 긴장을 푼 다음이다. 즉 하루를 정리할 수 있는 '분위기'를 만드는 것이 중요하다. 이를테면 노트와 펜을 준비하고, 따뜻한 차 한 잔을 같이 해도 좋다. 이것이 어렵다면 자기 나름대로 가장 편하고, 정돈된 상황을 만들면 된다. 하루를 정리하는 일에도 몇 가지 원칙이 있다. 무작정 그날 있었던 일들을 다 돌이키는 것이 아니라 자신에게 중요했던 일 위주로 정리하는 것이다.

예를 들어 첫째, 하루의 시작은 어떠했는가, 둘째, 누구와 무슨 일을 했는가, 셋째, 누구와 불협화음을 일으켰다면 그 원인과 해결책은 무엇인가, 넷째, 오늘을 통해 내 발전을 이루었는가, 등등이다.

멘털 트레이닝_mental training

무작정 하루를 정리한다고 하면 끝없는 사념이나 공상, 걱정에 빠져들기 쉽다. 나름대로의 원칙에서 목록을 만들어 답안을 적어 내려가듯 정리해보자. 거기서 더 많은 생각이 필요한 목록에는 별표를 쳐 틈틈이 깊은 사색을 하고, 그렇지 않은 것들은 과감히 잊어버리자.

■ turning point 57

내일 계획을 세워라

내일을 바라보고 사는 자에게는

배고픔과 곤궁함이 없다.

내일을 바라본다는 한 가지 사실만으로도

우리는 인간적인 기품을 잃지 않을 수 있다.

　매일 똑같은 하루도, 가만히 들여다보면 많은 다양한 변화들이 일어난다. 따라서 하루 정리가 끝나면, 그 정리한 내용에 맞춰 내일 꼭 해야 할 업무들은 물론, 나를 발전시킬 수 있는 계획들을 큰 틀에서 짜보자. 사실밤에 짜놓은 계획은 다음날이 되면 상황에 따라 변할 수 있다. 하지만 이렇게 큰 골자를 짜놓으면 아침 무렵 다시 세부계획을 짤 때 큰 도움이 된다.

　또 계획을 세울 때도 우선순위를 지킨다. 즉 가장 크고 중요한 것부터 시작해, 세부적이고 사소한 것들로 들어간다. 세부적인 사항은 얼마든지 변할 수 있다는 점을 감안해 짜되, 큰 계획은 반드시 지키도록 노력하는 것이 핵심이다. 또한 '에이, 계획을 짜놓으면 뭐해, 어차피 변할 걸'이라는 생각은 계획을 망치는 가장 큰 적이다. 계획을 시작할 때는 늘 긍정적인 마음을 가지도록 노력하자.

멘털 트레이닝_mental training

중요한 준비물을 잊어 하루를 엉망으로 보낸 경험이 분명 있을 것이다. 따라서 계획과는 별개로, 분주한 아침에 깜빡 잊어버릴 수 있는 준비물이나 서류 등은 꼭 점검해 챙기도록 한다.

■ turning point **58**

중독성 강한 여가는 피하라

우리가 열심히 하는 모든 일이

가치 있는 것은 아니다.

여가를 찾는 것도 바로 이 사실을

인식하는 데서 시작해야 한다.

　대부분 직장인들은 퇴근을 한 뒤 긴장을 풀고 싶어 한다. 대표적으로 술을 마시거나 게임을 하는 것 등이 있다. 편한 사람들끼리 어울려 한 잔 하면서 이런 저런 이야기를 나누다 보면 금방 서너 시간이 지나간다. 게임도 마찬가지다. 게임은 속성상 한번 시작하면 무의식적으로 계속 끌어나갈 수 있으므로 시간 개념 자체가 사라진다. 시작한 지 얼마 안 된 것 같은데 새벽이 다가와 있고, 그래서 허겁지겁 잠자리에 들게 되는 경우가 많다.

　이 같은 여가들은 대부분 끝나고 나면 공허함만 남고

시간을 낭비했다는 느낌을 주게 된다. 더 무서운 것은 이 같은 여가들의 경우 강한 중독성을 가진다는 점이다. 실제로 많은 직장인들이 퇴근 후 술자리에서 벗어나지 못한다. 또한 집에 가자마자 컴퓨터 앞에 앉아 게임을 시작하거나 텔레비전을 본다는 직장인들도 의외로 쉽게 볼 수 있다. 그들은 왜 술자리와 게임, 텔레비전을 즐기냐고 물어보면 "돈이 적게 들고 긴장을 풀 수 있어서"라고 대답한다. 여기서 우리가 한 가지 기억해야 할 점은, 여가에도 질이 있고, 질 높은 여가를 즐기려면 그 만한 대가와 노력이 필요하다는 점이다.

멘털 트레이닝_mental training

여가란 본질적으로 휴식을 통한 재충전이다. 자신이 중독성 높은 여가에 빠져 있다면 같은 금액으로 같은 시간을 투자해 시도해볼 수 있는 다른 여가들의 목록을 짜보고 신중하게 그 중 하나를 선택해 2주 이상 해보는 노력 정도는 해보자. 그것만으로도 당신의 저녁 시간은 확연히 달라질 것이다.

■ turning point 59

두뇌의 감성을 자극하라

밤은 잠드는 시간인 동시에

우리의 정신이 깨어나는 순간이다.

이 시간에 우리는 낮에는 찾지 못했던 많은 의미들을

새로이 보고 듣는다.

 현대 들어 인간의 뇌는 낮동안에는 이성적인 활동을 많이 하고 있다고 한다. 계속해서 새로운 상황에 부딪치고 문제를 해결하고 수많은 사람들의 얼굴과 업무 사안들을 기억하기 때문이다. 여기에는 감성적인 면이 끼어들 여지가 없다. 그래서 감성을 담당하는 두뇌 부분은 낮에는 깊은 잠에 빠진다. 이 감성이 깨어나는 것은 모든 업무가 끝나고 난 저녁과 밤 시간이다. 이 시간에는 낮 동안의 스트레스를 잊고 자신에게 몰두하면서 좀 더 추상적인 생각을 하게 된다. 그러다 보면 낮에는 몰랐던 사실들, 느끼지 못했던 감정들을 자연스

럽게 체험하게 된다.

이럴 때 커다란 도움을 주는 것이 바로 음악과 독서다. 만일 당신이 당신의 방 안에 매일 읽고 있는 책 한 권과 음악 시디를 갖추고 있다면 당신은 감성과 이성의 균형을 잘 잡고 있는 사람이라고 할 수 있을 것이다. 음악과 독서는 정신의 긴장을 풀어주고 깊은 사색을 도와주는 최고의 친구다.

멘털 트레이닝_mental training

음악과 독서를 할 때는 편안한 마음을 가지는 것이 중요하다. 한 달 동안 한 권을 읽어도 좋고 음악 하나만 들어도 좋다. 지금껏 바쁘다고 모른 체했던 책장과 시디장을 살펴보고, 가장 가까운 친구처럼 느껴지는 책과 음악이 있다면 바로 그것들을 집어 들자. 퇴근 후 저녁과 밤 시간을 이 친구들과 함께 누려 보자.

turning point 60

퇴근길에서 좋은 산책로를 찾아라

우리는 가까이 있는 것을

소홀히 하는 경향이 있다.

그것은 삶에서도 마찬가지다.

부족한 것이 있다면

일단 가까운 곳에서 구하라.

　우리가 여가에 대해 가지는 오해가 하나 있다. 그것을 반드시 돈을 들여서 해야 한다고 생각하는 점이다. 실제로 직장인을 대상으로 우후죽순처럼 생겨나는 많은 학원들이나 헬스클럽만 봐도 알 수 있다. 그러나 이렇게 돈을 들여 여가 생활을 한다 한들 그것을 계속적으로 유지하는 사람은 많지 않다. 아까운 회원권만 지갑에서 잠자고 있다.

　그러나 산책은 돈이 들지 않는다. 필요한 것은 회사와 퇴근길로 연결되는 가까운 정류장을 꼼꼼하게 살피는 노력뿐이다. 산책을 하면 사람의 두뇌는 자율신경의 활동이 활발해진다. 그리고 무엇보다도 걷기를 통해 운동 부족도 해소되고 누구에게도 방해를 받지 않고 하루를 정리해볼 수 있는 시간까지 얻을 수 있다. 게다가 혈액 순환이 좋아져 몸도 건강해진다. 실제로 주변을 들어보면 뇌 활동을 많이 하는 학자들이나 아이디어가 필요한 기업인들도 산책에서 많은 도움을 얻었다는 이야기를 들을 수 있다.

멘털 트레이닝_mental training

산책 시간은 30분에서 1시간 정도가 적당한데, 호감 가는 거리들을 걸으며 낮 시간에 놓쳤던 것들도 되돌아보고 하루를 정리해보자. 그것도 아니라면 내키는 대로 걸어보기도 하자. 보기 좋은 풍경을 만나면 쉬어가기도 해보자. 그렇게 1시간 정도 지나면 아주 바쁜 러시아워 시간을 피해 좀 더 넉넉해진 버스를 타고 갈 수도 있을 것이다.

■ turning point **61**

저녁 시간을 이용해 전문적인 공부에 도전하라

영리한 자는 꾸준히

무언가를 하는 자를 당해내지 못한다.

재능 있는 천재도

평생 동안 공부하는 자는

이기지 못한다.

　최근 들어 대학원과 대학 등에 야간 강의들이 다수 생겨나고 있다. 시간대만 봐도 이것들이 직장인들을 대상으로 실시되는 것들임을 알 수 있다. 흔히 공부는 죽을 때까지 하는 것이라고 말한다. 그러나 이를 실천하는 사람은 그리 많지 않다. 게다가 요즘처럼 깊이 있는 공부보다는 실질적인 이익을 우선시하는 분위기에서는 선뜻 무엇을 공부하겠다고 하는 것이 어려워진다.

　그러나 단언컨대 공부는 단순히 공부로 썩지 않는다. 예를 들어 직장인들이 야간대학이나 대학원에 편입학하는 것만 봐도 그렇다. 비록 일하랴 공부하랴 쉽지는 않겠지만 직종과 관련된 전문 지식을 쌓게 되면 이른바 '내공'도 늘고 지식을 토대로 실무 능력도 함께 발전한다.

실제로 최근 들어 야간 대학교나 야간 대학원을 보면 30대, 40대의 만학도들이 점점 늘어나고 있다. 게다가 이처럼 한 곳에 적을 두고 전문 지식을 쌓다 보면 비슷한 일을 하는 사람들과 정보를 주고받으면서 인적 네트워크까지 만들 수 있으니 일석이조다.

멘털 트레이닝_mental training

만일 굳이 학위가 목적이 아니라면 각자의 관심 분야에 맞는 스터디 그룹에 참여해도 좋다. 예로부터 꾸준히 하는 사람을 이기지 못한다는 말이 있다. 비록 한 줄이라도 매일 매일 공부하는 것이 중요하며, 무엇보다도 시류와는 관련 없이 정말 내가 관심 있는 분야를 택하는 것이 쉽게 그만두지 않는 가장 좋은 방법이다.

■ turning point **6 2**

남은 한 시간도 소중히 이용하라

지나간 시간은 잊어라.

우리 눈앞에는 매순간 새로운 시간이 펼쳐진다.

지금 한 시간을, 지금 10분을

새로 출발하는 자가 되어라.

 어쩔 수 없이 야근을 하게 되거나 친구들과 저녁을 먹고 집에 들어왔다고 치자. 그러나 매일 퇴근 후 하던 일이 있다고 할 때 어떻게 해야 할까? 학원을 다니는 사람이라면 "에이, 오늘 학원을 빠졌으니 아까워도 어쩔 수 없지."라고 생각하거나, 아니면 "너무 피곤하니 오늘은 쉬자."라고 할 것이다.

 그러나 퇴근 후 시간 활용이 계속 유익하게 유지되려면 이때의 결단이 아주 중요하다. 만일 어정쩡한 시간에 집에 들어와 아무것도 하지 않거나 텔레비전을 멍하니 보다가 잠들어버린다면, 다음에 비슷한 상황이

벌어졌을 때도 비슷한 선택을 할 가능성이 높아진다. 또한 계속 유지해온 리듬이 흐트러지는 것 또한 불 보듯 뻔하다. 이럴 때는 스스로를 좀 강하게 채근할 필요가 있다. 원래는 3시간을 해야 하는데 1시간밖에 남지 않았을 때도, 그 1시간을 이용해 그 일을 해야 한다. 조금 서둘러서 하면 1시간 반 정도 걸려 평소 3시간 하던 것을 얼추 비슷하게 끝낼 수 있을 것이다. 시간을 좀 더 쓸 수 있다면 새벽까지 시간을 좀더 잡아 그 일을 하라.

멘털 트레이닝_mental training

돌발 상황에 부딪쳐 긴장을 풀게 되면 그 패턴을 다시 잡는 데 적어도 일주일은 허비해야 한다. 이는 자신에게 가혹하라는 이야기가 아니라, 무언가를 지속하는 데에는 그만한 노력이 필요하다는 뜻이다. 만일 오늘 이 일을 하지 않아서 내 마음이 흐트러질 것 같고, 왠지 스스로가 변명을 하고 있다고 느껴진다면 당장 1시간이라도 그것을 하라.

■ turning point **63**

자신에게 질문하라

우리는 타인에게는 많은 질문을 던지면서

스스로에게는 침묵한다.

그러나 자신을 가장 잘 알고 있는 자는

그 자신이듯이, 내 문제와 해답을

가장 잘 아는 사람도 바로 그 자신이다.

　어떤 일이든 장기적으로 지속되다 보면 긴장이 풀리게 마련이다. 아무리 큰 결심을 해도 시간이 지나면 이 또한 타성적으로 흐르기 때문이다. 이럴 때 효과적인 시간 관리를 지속시키고 어떤 일을 성취하기 위해서는 자기반성이 필요하다. 그러나 여기서의 자기반성이 반드시 혹독할 필요는 없다. 다만 이는 자신의 일과에 대해, 자기가 하고자 하는 일에 대해 지속적인 관심을 가지고 노력하고자 하는 마음이다. 그리고 밤 시간은 스스로에게 이런 질문을 던지고 솔직하게 대답하기에 가장 좋은 시간대이다. 잠자리에 들기 전에 작은 것부터 큰 것까지, 몇 가지 질문을 던져 보자.

지금 나는 가장 효율적인 시간 관리를 하고 있는가? 그것을 지속할 마음가짐이 되어 있는가? 그리고 이 같은 노력을 통해 얻고자 하는 최종의 목표는 무엇인가?

문제는 바로 당신의 행동에 달려 있다.

멘털 트레이닝_mental training

질문을 던지기만 하고 명확한 답을 내지 않는 경우가 없다. 그럴 경우는 자기반성이 불가능하게 된다. 스스로에게 던지는 질문이라고 해서 대답을 얼버무리지 말고 솔직하게 자신의 생각을 피력해보자. 만일 장애요소가 있다면 이를 정리해 기억하도록 하자.

맺음말

지금 시작하는 자에게 내일이 있다

우리는 우리의 시간을 얼마나 잘 활용하고 있을까? 이는 비단 업무에서만 해당되는 문제가 아니다. 우리는 얼마나 우리 삶에 충실하며, 얼마나 주어진 시간에 감사하고 있을까?

이 책은 효율적인 시간 관리를 통해 우리 삶을 바꾸고 재구성하는 방법에 대해 이야기하고 있다. 시간을 그저 흘러가는 것이라고 여기는 사람에게 시간은, 말 그대로 물처럼 흘러가는 것일 뿐이다. 그러나 그 안에서 각각의 의미를 찾고 노력하는 이에게 시간은 황금이 묻혀 있는 미로이자 새로운 발견의 장일 수 있다. 이처럼 시간이라는 것은 바라보는 시선에 따라 우리에게 정반대의 모습을 보여준다.

이 책은 나날이 바쁘게 살아야 하는 우리 현대인들의 모습을 이해하는 시점에서 시작한다. 업무적으로도 쫓기는데 지금보다 나아지고 싶다는 개인적인 욕심까지 두 마리 토끼를 잡아야 하는 요즘 사람들에게 시간만큼 귀중한 것도 없기 때문이다. 우리는 매일 아침 일어나 바쁜 걸음으로 직장을 향해 달려간다. 또는 그날 해야 할 일들을 위해 아침 일찍 졸린 눈을 비비며 일어난다. 그리고 어떻게 어떻게 하루를 보내지만 막상 잠들기 전이 되면 이런 식을 말을 한다.

"아니! 열심히 했는데 해놓은 건 별로 없잖아."

이는 비단 몇 사람만의 문제가 아니다. 실제로 여러분의 주변에도 이렇게 말하는 사람들이 적지 않을 것이다. 이는 시간에 가속도가 붙어 흘러가는 요즘 세태 문제이기도 하지만, 무언가 가치 있는 일에 시간을 투자하는 일이 어려워졌기 때문이다. 그리고 이처럼 바쁘게 돌아가는 생활 속에서 가치를 생산하려면 시간관리의 힘이 절대적으로 필요하다. 그것은 더 많은 수입, 더 강력한 재력을 약속하는 동시에, 더 풍부한 삶까지도 약속한다.

이 책에 나오는 실천 지침들은 사실 어려운 것은 아니다. 문제는 이것을 내 삶에 어떤 방식으로 적용시켜 꾸준히 이어가는가다. 그리고 이처럼 이 변화를 이끌어가려면 무엇보다도, 내가 왜 변하고자 하는지 그 이유와 목표 등이 명확해야 한다. 어떤 좋은 교과서도 사전 준비 없는 이에게는 큰 효용을 주지 못한다.

왜 당신에게 지금 시간관리가 필요한지, 그리고 만일 이 변화를 시작하려면 무엇을 해야 하는지, 앞으로 얼마만큼의 기간 동안 이 변화를 시도할 것인지를 구체적으로 생각해보자. 이 책이 가치 있게 읽히는 것은 그 다음일 것이다.

지은이 김병섭 e-mail : bs7505.kim@samsung.com

1986년 삼성전자에 입사 국내 영업고객만족기획팀원으로 활동하며 12년간 마케팅 판촉, 유통 혁신업무, 대리점 CS교육 업무를 하였다.
현재는 수도권 중부지점에서 근무하면서 상품홍보, 지원행사 스텝활동으로 현장에서의 실무업무를 하고 있으며, 이 책은 20년간의 사회 활동을 통해 몸소 체험해 터득한 구체적인 내용들을 고스란히 담고 있다.

저작권자와 독점계약에 의해 도서출판 개미와베짱이에 저작권이 있으므로 저작권법에 의해 한국 내에서 보호를 받는 저작물로 어떠한 형태로든 무단전재와 무단복제를 금합니다.

출근 시작 30분 전

1판 10쇄 개정 발행 · 2008년 7월 30일

지은이 · 김병섭
발행인 · 이용길
발행처 · **개미와베짱이**
영업 · 권계식
관리 · 윤재현
본문 디자인 · 이룸

출판등록번호 · 제396-2004-000095호
등록일자 · 2004. 11. 9
등록된 곳 · 경기도 고양시 일산구 백석동 1332-1 레이크하임 404호
대표 전화 · 0505-6279-784
팩스 · 0502-7017-017
ISBN 978-89-92509-15-4   03320

- 좋은 책은 좋은 독자가 만듭니다.
- 독자 여러분의 의견에 항상 귀를 기울이고 있습니다.
  www.moabooks.com
- 저자와의 협의 하에 인지를 붙이지 않습니다.
- 잘못 만들어진 책은 구입하신 서점이나 본사로 연락하시면 교환해 드립니다.

자기계발 · 리더십 · 경제 · 경영 · 건강 도서를 소개합니다.

도서출판 개미와 베짱이

최악의 위기를 절호의 기회로 삼아 작게 시작하여 크게 성공하라

이 세상을 살아가면서 부자를 꿈꾸지 않는 사람이 있을까?
그러나 이 책은 우리가 체험하지 못했던 사고에 대한 직언과 경험에서 우러나오는
깊은 통찰력을 바탕으로 한 보기 드문 '부자의 길'을 안내하고 있다.

실패를 핑계로
도전을 멈추지 마라

이병현 | 값 10,000원

2008
올해의 CEO
선정도서

| 나를 변화시키는 최고의 어드바이스 북 |

잘 나가는 CEO는 1%가 다르다

긍정적인 마인드를 추구하는 이들의 필독서로서 한발 앞서 시작하는 리더를 위한 메시지!
이 책은 성공을 이루려고 할 때 갖추어야할 자세와 목표를 설정하는 방법을 제시해줌으로써, 더욱 크나큰
성공의 성취감을 얻도록 안내하고 있다.

마인드 수업

장성철 지음 | 200쪽 | 값 8,000원

| 골프매너를 위한 길잡이 북 |

초보 골퍼라도 매너를 알면 2배로 즐길 수 있다!

골프는 내기의 수단이 아닌 인간관계를 돈독하게 할 수 있으며 보다 나은 플레이를 즐기는데 매력이 있는 건전한 스포츠로서 필드에서 환영받는 굿 골퍼가 되기 위한 새로운 룰을 만나게 된다.

필드에서 나를 돋보이게 하는
베스트 매너 스트레칭

최성이 지음 | 216쪽 | 값 12,000원

| 내 몸을 지켜주는 최고의 웰빙 북 |

당신의 몸속으로 들어오는 먹을거리가 생명을 위협하고 있다!

이제는 '무엇을 먹을 것인가'를 고민하는 단계를 넘어 '무엇을 먹지 않을 것인가'를 생각해야 한다. 이 책은 단순히 건강에 관한 간략한 정보를 전달하는 책이 아니라 우리 가족의 건강이 각종 식품 첨가물과, 트랜스 지방, 유전자 변형식품들에 의해 병들어 가고 있는 실태와 최근 우리 사회에 문제화 되고 있는 각종 유해물질의 무분별한 섭취에 대한 대안과 그 문제점에 대해 실체를 밝히는 웰빙 밥상의 보고서이다.

달콤한 맛 속에 숨겨진 웰빙 밥상 보고서

윤철경지음 · 구본홍 의학 · 한의학 박사 감수 | 112쪽 | 값 6,000원

| 현대인을 위한 최대 건강 키워드 북 1 |

무엇을 어떻게 먹어야 안전한지 알고 계신가요?
이 책은 이런 질문에 대한 해법을 제시해 준다.

아직도 하루 세끼만 잘 챙겨 먹으면 건강하다고 생각한다.
우리가 주식으로 섭취하고 있는 식품은 도정과 가공으로 인한
영양결핍으로 암, 심장병, 당뇨병, 고혈압 등 성인병은 물론
식원병(食源病)을 유발하고 있다.
1975년 미국상원 영양문제특별위원회의 2년 동안에 걸친 방대한
조사에 의해 영양을 무시한 의학계에 이의를 경고하여 큰 충격을
주었다. 가족의 건강을 위해 간간하게 확인해보자!

생식환으로 살아있는 영양 완전정복

양우원 지음 | 136쪽 | 값 6,000원

| 현대인을 위한 최대 건강 키워드 북 2 |

알고 먹으면 효과가 두 배,
현대 의학의 최고 전문의가 들려주는 건강해법!

건강에 좋다는 건 알았지만 영국의 과학 잡지 〈뉴 사이언티스〉에 논문으로 소개되어 전 세계를 열풍으로 몰아 놓았던 가시오가피의 모든 것과 최근들어 그 효능을 세계적으로 인정받아 미국의 우주비행사와 소련의 올림픽 선수들이 섭취하여 화제가 되었던 가시오가피의 비밀!

가시오가피 약초보감

김진용 지음 · 구본홍 의학 · 한의학 박사 감수 | 128쪽 | 값 6,000원